A. Schüller (Hg.)

Orientierungen für ordnungspolitische Reformen:
Walter Hamm zum 80. Geburtstag

Studien zur Ordnungsökonomik

Herausgegeben von

Prof. Dr. Alfred Schüller

Marburger Gesellschaft für Ordnungsfragen der Wirtschaft e.V.

in Verbindung mit der

Forschungsstelle zum Vergleich wirtschaftlicher Lenkungssysteme der Philipps-Universität Marburg

Nr. 29:   Orientierungen für ordnungspolitische Reformen: Walter Hamm zum 80. Geburtstag

 Lucius & Lucius · Stuttgart · 2003

Orientierungen für ordnungspolitische Reformen:

Walter Hamm zum 80. Geburtstag

Herausgegeben von
Alfred Schüller (Hg.)

Mit Beiträgen von

Helmut Leipold, Peter Oberender, Dieter Schmidtchen,
Alfred Schüller und Jürgen Zerth

 Lucius & Lucius · Stuttgart · 2003

Anschrift des Herausgebers:

Prof. Dr. Alfred Schüller
Philipps-Universität Marburg
Fachbereich Wirtschaftswissenschaften
Barfüßertor 2
D-35032 Marburg

e-mail: schuelle@wiwi.uni-marburg.de

Die Deutsche Bibliothek - CIP-Einheitsaufnahme

**Ein Titeldatensatz für diese Publikation ist bei
Der Deutschen Bibliothek erhältlich.**

(Studien zur Ordnungsökonomik; 29)

ISBN 3-8282-0259-4

© Lucius & Lucius Verlags-GmbH • Stuttgart • 2003
Gerokstraße 51 • D-70184 Stuttgart

Das Werk einschließlich aller seiner Teile ist urheberrechtlich geschützt. Jede Verwertung außerhalb der engen Grenzen des Urheberrechtsgesetzes ist ohne Zustimmung des Verlages unzulässig und strafbar. Das gilt insbesondere für Vervielfältigungen, Übersetzungen, Mikroverfilmung und die Einspeicherung und Verarbeitung in elektronischen Systemen.

Druck und Einband: ROSCH-BUCH Druckerei GmbH, 96110 Scheßlitz
Printed in Germany

ISBN 3-8282-0259-4

Vorwort

Am 30. November 2002 feierte Prof. Dr. *Walter Hamm* seinen 80. Geburtstag. Aus diesem Anlaß hat die *„Marburger Gesellschaft für Ordnungsfragen der Wirtschaft e. V. (MGOW)"* am 11. Januar 2003 zu einer Festveranstaltung in die Alte Aula der Philipps-Universität Marburg eingeladen. An die 200 Gäste sind der Einladung gefolgt, um dem ebenso hervorragenden wie bescheidenen Hochschullehrer und Publizisten Dank und Anerkennung für seine bewundernswerte wissenschaftliche, akademische und publizistische Tätigkeit auszusprechen.

Die vorliegende Studie enthält die beiden Vorträge der Festveranstaltung von Prof. Dr. *Peter Oberender*, Universität Bayreuth, sowie von Prof. Dr. *Dieter Schmidtchen*, Universität Saarbrücken. Mit der Verkehrspolitik und der Gesundheitspolitik werden zwei höchst aktuelle Beispiele des herkömmlichen wirtschaftspolitischen Punktualismus thematisiert, die mit unterschiedlichen Aspekten im Mittelpunkt marktwirtschaftlicher Reformvorschläge stehen und zu denen *Walter Hamm* konstruktive Beiträge geleistet hat. Mit dem zusätzlich aufgenommenen dritten Beitrag greift der Autor, Prof. Dr. *Helmut Leipold*, Universität Marburg, *Hamm*s Kritik an dem den Menschen immer mehr entmündigenden Wohlfahrtsstaat auf und entwickelt einige grundlegende Gedanken für den institutionellen und mentalen Bedingungszusammenhang zwischen einer selbstverantwortlichen Bürgergesellschaft und einem freiheitlichen Staats- und Gemeinwesen.

Herrn *Horst Kleiner*, dem ehemaligen Vorsitzender des Vorstands der Bausparkasse Schwäbisch Hall AG, dem *Marburger Universitätsbund* und der *Walter Raymond-Stiftung* sei für die finanzielle Förderung der Festveranstaltung, der *IMPULS-Stiftung* für einen Druckkostenzuschuß herzlich gedankt. Meinen Mitarbeiterinnen und Mitarbeitern, besonders Frau *Christel Dehlinger*, danke ich für die Hilfe bei der Vorbereitung und Durchführung der Festakademie, Frau Dr. *Hannelore Hamel* für die redaktionelle Betreuung dieser Studie.

Marburg, im Mai 2003   Prof. Dr. Alfred Schüller
                                        Vorsitzender der
                                        Marburger Gesellschaft für
                                        Ordnungsfragen der Wirtschaft e.V.

Inhalt

Alfred Schüller: **Laudatio** 1

Ulrich Fehl: **Grußwort** 5

Peter Oberender und *Jürgen Zerth*
Gesundheitspolitik: quo vadis?
Der Weg zu einer marktwirtschaftlichen Reform

1. Problemstellung und Einführung 8
2. Systemimmanente Lösungsansätze 9
3. Ein marktwirtschaftliches Lösungsmodell 14
4. Resümee 21

Dieter Schmidtchen
Szenarien für eine neue europäische Verkehrspolitik

1. Lage: Überlastung des Verkehrssystems 26
2. Ursachen: Verstoß gegen das Verursacherprinzip 27
3. Ziele: Bürgerfreundliche europäische Verkehrspolitik 28
4. Maßnahmen: Aktionsplan des Weißbuchs von 2001 29
5. Preise als verkehrspolitisches Ordnungsinstrument: Die neue Tarifierungspolitik 31
6. Die Eisenbahn – das falsche Allheilmittel 48
7. Funktionierender Nahverkehr 50
8. Anmaßung von Wissen 52

Helmut Leipold
Warum eine selbstverantwortliche Bürgergesellschaft das „schwerste" Ordnungsproblem ist

1. Die selbstverantwortliche Bürgergesellschaft als Ordnungsproblem 56
2. Institutionentheoretische Grundlagen 58
3. Begriff und Funktionen der Zivilgesellschaft 64
4. Institutionelle Entstehungsbedingungen der Zivilgesellschaft 65
5. Formen der Zivilgesellschaft 70
6. Aktuelle Herausforderungen der Zivilgesellschaft 74

Laudatio

von Prof. Dr. *Alfred Schüller*, Vorsitzender der Marburger Gesellschaft für Ordnungsfragen der Wirtschaft e.V.

Meine sehr verehrten Damen und Herren,

Anlaß dieser Festveranstaltung ist der 80. Geburtstag von Prof. Dr. *Walter Hamm*. Ich heiße hierzu alle Anwesenden herzlich willkommen, dies gilt besonders für die Familienangehörigen des Jubilars, den Kanzler der Philipps-Universität, Herrn *Höhmann*, den Dekan des Fachbereichs Wirtschaftswissenschaften, Herrn Prof. Dr. *Krag*, sowie den Studiendekan, Herrn Prof. Dr. *Kirk*. Ganz besonders herzlich begrüße ich die Hauptreferenten Prof. *Oberender* und Prof. *Schmidtchen* – „edle Gewächse" unseres Fachbereichs. Ihre Vorträge haben einen direkten Bezug zu Prof. *Hamms* wissenschaftlicher und publizistischer Tätigkeit.

Viele Anwesende werden Ihnen, lieber Herr Hamm, schon auf die eine oder andere Weise gratuliert haben oder dies heute tun wollen. Vor allem ihre zahlreichen Schüler werden das empfinden, was *Adolph Freiherr Knigge* in seinem Buch „Über den Umgang mit Menschen"[1] zum Lehrer-Schüler-Verhältnis schreibt: „Keine Wohltat ist größer als die des Unterrichts und der Bildung. Wer jemals etwas dazu beigetragen hat, uns zu weisern, bessern und glücklicheren Menschen zu machen, der müsse unsers wärmsten Danks lebenslang gewiß sein können."

Als *Walter Hamm* 1987 mit einem Kolloquium zum Thema „Freiheitliche Politik für Markt und Staat"[2] nach 50 Semestern Lehrtätigkeit vom Fachbereich Wirtschaftswissenschaften der Philipps-Universität Marburg aus dem aktiven Dienst des Hochschullehrers verabschiedet wurde, waren leichte Zweifel zu hören, ob das der Familie in Aussicht gestellte „Kürzertreten" zu erwarten sei. Wer die nach 1987 entfaltete Vortrags- und Publikationstätigkeit sowie die sonstigen Aktivitäten des Jubilars auch nur annähernd überblickt, wird angesichts der damals angemeldeten leichten Zweifel ein Schmunzeln nicht unterdrücken können. Allein im ORDO-Jahrbuch sind seit 1988 elf größere Aufsätze erschienen; in anderen Zeitschriften dürften es sehr viel mehr sein. Hinzukommen rund 140 wirtschaftspolitische Leitartikel in der *Frankfurter Allgemeine Zeitung*, einige Bücher, viele Vorträge und anderes mehr.[3]

---

[1] Übrigens ist dieses erstmals 1788 erschienene Buch in mancher Hinsicht deshalb aktuell geblieben, weil es zeigt, wie Kooperation und Kommunikation mit Hilfe von Grundtugenden auch über die unterschiedlichsten persönlichen und sozialen Grenzen hinweg möglich sind. Moderne Ökonomen würden sagen: Informale Regeln senken den Transaktionskostenpegel einer Gesellschaft (siehe die Neuausgabe des Manesse-Verlags, Zürich 1999).

[2] Die Beiträge von *Dieter Schmidtchen*, *Hans Otto Lenel*, *Wernhard Möschel*, *C. Christian von Weizsäcker* und *Ulrich Fehl* sind Fragen der wirtschaftlichen Konzentration und Marktmacht, der Deregulierung und der Wettbewerbsfreiheit gewidmet (siehe ORDO, Bd. 39, 1988), die *Walter Hamm* bis heute beschäftigen.

[3] Eine Auswahl von *Hamms* Schriften hat das Marburger Institut für Genossenschaftswesen im Jahre 1997 aus Anlaß seines 75. Geburtstages herausgegeben. Diese Festgabe („Genos-

In seinem jüngsten ORDO-Aufsatz (Band 53, 2002) „Finanzpolitik für die kommende Generation" beklagt *Walter Hamm,* daß Deutschland seit vielen Jahren weit über seine Verhältnisse lebt. Es gehe dabei nicht nur um die hohen Fehlbeträge in den öffentlichen Haushalten, sondern auch um die Finanzierung der sozialen Sicherungssysteme. Zudem würden die öffentlichen Investitionen sträflich vernachlässigt. Die intergenerative Einkommensumverteilung habe ein dramatisch hohes Ausmaß erreicht und überfordere die Kinder und Enkel. Deutschland sei im OECD-Raum das Land mit der höchsten Nachhaltigkeitslücke. Unentwegt würde die Zukunft neu belastet – ohne finanzielle Vorsorge. *Hamm* stellt abschließend dann zweckmäßige Maßnahmen dar, um die Nachhaltigkeitslücke in den öffentlichen Finanzen abzubauen.

Walter Hamm, am 30. November 1922 in Frankfurt am Main geboren, ist mit den verhängnisvollen politischen Folgen einer Gesellschafts- und Wirtschaftspolitik des kurzsichtigen Denkens und Handelns aufgewachsen. Sie war unter dem Druck der Tagesprobleme von einem in sich höchst widerspruchsvollen Interventionismus, einer Spielart des Kollektivismus, gekennzeichnet. Lohnkampf und Kampf um die Macht im Staate verschmolzen zu einer Einheit. Der Glaube an den alles vermögenden Staat wurde zum Religionsersatz, wie *Walter Eucken* 1932 in seinem Aufsatz „Staatliche Strukturwandlungen und die Krisis des Kapitalismus" schreibt.[4]

Das anschließende kriegswirtschaftliche Denken in vermeintlich selbständigen „Sektoren" im Dritten Reich hat *Erich Welter, Walter Hamm*s akademischer Lehrer, einen kollektivistischen Großversuch, ein Dringlichkeitssystem von Illusionen und Improvisationen genannt.[5] Der aus dem Unfug des Sektorendenkens entstandene wirtschaftspolitische Punktualismus dürfte *Walter Hamm* zu einer Erkenntnis gebracht haben, die bestimmend für sein gesamtes Forschungsprogramm geworden ist: Eine Wirtschaftspolitik, die einzelne Bereiche wie Verkehr und Gesundheitswesen, die Post und andere öffentliche Unternehmen, Landwirtschaft, Wohnungsbau und Elektrizitätswirtschaft, die Faktoren Arbeit, Boden und Kapital sowie die soziale Sicherung für sich und nicht im Gesamtgefüge eines wettbewerblichen Marktsystems zu ordnen versucht, endet in einem endlosen Dirigismus, gespickt mit wahren Schildbürgergeschichten, und führt, besonders unter den Bedingungen offener Märkte, zum wirtschaftlichen Niedergang von Nationen.

Walter Hamm wird nach wie vor nicht müde, die brennenden wirtschaftlichen und sozialen Fragen von heute auf ungelöste Probleme der Sozialen Marktwirtschaft zurückzuführen – insbesondere auf die skrupellose Indienstnahme der wirtschaftlichen

---

senschaften und Mittelstand im Rahmen der marktwirtschaftlichen Ordnung. Schriften und Aufsätze von *Walter Hamm*") enthält zugleich eine Liste der imposanten Zahl seiner Bücher und Aufsätze. Bis zu seiner Emeritierung war *Hamm* zwanzig Jahre lang Geschäftsführender Direktor des Instituts für Genossenschaftswesen. Herr Kollege *Fehl* wird nach mir noch ein Grußwort im Namen des Instituts für Genossenschaftswesen an Sie richten.

[4] Weltwirtschaftliches Archiv, Bd. XXXVI, 1932 II, S. 297-321. Wiederabdruck in ORDO, Bd. 48, 1997, S. 5-24.

[5] *Erich Welter,* Falsch und richtig Planen. Eine kritische Studie über die deutsche Wirtschaftslenkung im zweiten Weltkrieg, Heidelberg 1954.

Macht für politische Macht. Dieser moderne Kollektivismus zeigt sich in vielen Spielarten auf der Ebene der Bürokratien in den genannten Sektoren.

Im Neben- und Gegeneinander haben die Interventionsbürokratien im Zusammenwirken mit Interessenverbänden den Charakter von eigenständigen wirtschafts- und sozialpolitischen Machtkörpern angenommen. Die Ordnungskrise der Gegenwart zeigt sich unter anderem in der Praxis von immer mehr wirtschafts- und sozialpolitischen Kommissionen und der darin zum Ausdruck kommenden Flucht der Regierenden aus der Verantwortung.

Die offensichtlichen Eingriffe politisch mächtiger Verbände in die Autonomie des Parlaments und der Regierung beeinträchtigen immer mehr eine rationale, marktwirtschaftlich konforme Gestaltung des wirtschaftlichen Geschehens. Sinken etwa die Staatseinnahmen dramatisch und erfährt die Öffentlichkeit, wie ernst es um die Finanzen des Landes steht, wächst die Neigung, gegenüber denjenigen einseitig Stärke zu demonstrieren, die über eine schwache Organisations- und Wählerstimmenmacht verfügen: die Vermögenden. Die Methoden ändern sich, das Ziel nicht.

Die einzige freiheitliche Methode des Machtabbaus und der Machtkontrolle in der Wirtschaft sieht *Walter Hamm* in der Einbeziehung der genannten Bereiche in die Wettbewerbsordnung – als Voraussetzung für eine leistungsfähige und menschenwürdige Wirtschafts- und Sozialpolitik.

Wie kann man aber damit im politischen Raum Erfolg haben? Oder allgemeiner gefragt: Wie können wissenschaftliche Erkenntnisse auch außerhalb der Universität nützlich werden, wie können insbesondere die Bürger nachhaltig zur bestimmenden Kraft einer Politik gemacht werden, die ihren eigenen Interessen und Bedürfnissen dient – und nicht dem Bestreben kurzsichtiger Interessengruppen an der wirtschaftlichen und politischen Machtausübung und -sicherung?

Die Antwort unseres Jubilars besteht in dem unermüdlichen Versuch, wirtschaftswissenschaftliches Wissen über die komplizierten Zusammenhänge der Teilbereiche des wirtschaftlichen und politischen Geschehens einem möglichst weiten Leserkreis nahezubringen. In einer meisterhaften Reduktion auf das Wesentliche und in einer allgemein verständlichen Sprache erläutert er die brennenden Fragen der Gegenwart, um die Einsichtsfähigkeit und Urteilskraft der Bürger zu stärken und deren Chancen zu verbessern, kurzsichtigen und unvernünftigen Strategien von Verbänden und Parteien jedweder Couleur den Boden zu entziehen..

*Hamm*s Publikationen erfüllen damit eine staatsbürgerlich-pädagogische Aufgabe. Wenn das praktische Ethik ist, kann *Walter Hamm* als ihre Verkörperung angesehen werden. Weit über sein 25jähriges akademisches Wirken an der Philipps-Universität Marburg hinaus hat er sich dieser Aufgabe bis auf den heutigen Tag überzeugend gestellt – als Mitglied einer Vielzahl wissenschaftlicher Vereinigungen und Sachverständigen-Kommissionen, durch seine langjährige aktive Mitwirkung im Mainzer Institut für Wirtschaftspolitik und seit 1983 im „Frankfurter Institut – Stiftung Marktwirtschaft und Politik" (Kronberger Kreis), durch eine unermüdliche Vortragstätigkeit im In- und Ausland und nicht zuletzt durch sein Wirken als hoch angesehener Wirtschaftspublizist.

Das hohe Maß an Selbstverpflichtung, das für ein solches Wirken erforderlich ist, erinnert an den Satz, mit dem der bereits zitierte *Adolph Freiherr Knigge* das Kapitel „Über den Umgang mit sich selbst" einleitet: „Die Pflichten gegen uns selbst sind die wichtigsten und ersten."

Wer im Wirtschaftswissenschaftlichen Fachbereich der Philipps-Universität Marburg die Freude hatte, mit *Walter Hamm* in den akademischen Gremien zusammenzuarbeiten, wird sich auch an andere Momente dessen erinnern, was heute *Selbstbindungen* genannt wird und notwendig ist, damit Sozialgebilde zusammenhalten und leistungsfähig sind: *Glaubwürdigkeit*, in Zusagen treu zu sein und Wort zu halten, wahrhaftig zu reden und im Dialog fair zu sein; *Kooperationsbereitschaft*, die sich auch darin zeigte, daß *Walter Hamm* immer wieder (zweimal als Dekan und als Vorsitzender des Prüfungsamtes) Verantwortung übernommen hat, und zwar ohne Wenn und Aber; *Entschiedenheit und Standfestigkeit*, wenn es um das Wohl des Fachbereichs ging:

So versuchten am 17. Mai 1983 unkundige studentische Weltverbesserer wieder einmal die Axt an die wissenschaftliche Freiheit des Fachbereichs zu legen. Sie hätten es lieber gesehen, wenn die ehemalige Westdeutsche Landesbibliothek, das heutige Dekanats- und Bibliotheksgebäude des Fachbereichs, „Karl-Marx-Institut" statt „Wilhelm-Röpke-Haus" benannt worden wäre. Mit der Namensgebung „Wilhelm-Röpke-Haus" wollten und wollen Universität und Fachbereich die Erinnerung an einen großen Marburger Gelehrten wachhalten, einen Gelehrten, der wegen kompromißloser Ablehnung des Nationalsozialismus 1933 zwangsbeurlaubt wurde und mit seiner Familie Deutschland verlassen mußte. *Röpke* war einer der maßgebenden Vorkämpfer für eine freiheitliche Wirtschafts- und Gesellschaftsordnung in Deutschland.

Bei dieser Gelegenheit hat sich bewährt, daß *Walter Hamm*, der damalige Dekan, ein durch und durch standfester und überragender Streiter gegen die größte Gefahr einer Gesellschaft freier Menschen ist: gegen den Kollektivismus in jedweder Form.[6]

Was bei *Knigge* über die Kunst des Umgangs mit Menschen und über die Vorteile steht, sich in der Bürgergesellschaft verständlich auszudrücken und zivilisiert zu benehmen, das heißt anständig darin zu leben, wird heute in der Spieltheorie auf hohem intellektuellem Niveau als strategisches „Know-how for Winner" diskutiert.

Alle Freunde einer freien Gesellschaft und Wirtschaft bleiben dem Jubilar über diesen Tag hinaus zu ganz besonderem Dank verpflichtet.

---

[6] Prof. *Egon Tuchtfeldt*, der heute unter uns weilt und den ich herzlich begrüße, hat aus Anlaß der Namensgebung einen – gemessen an der heutigen Problemlage auf dem Arbeitsmarkt – weitsichtigen Vortrag gehalten: „Strategien zur Bekämpfung der Arbeitslosigkeit in der ersten und zweiten Weltwirtschaftskrise. *Wilhelm Röpke*s Auffassungen in den dreißiger Jahren und die heutige Problematik" (Marburger Universitätsreden, Bd. 7, Marburg 1983).

Grußwort

von Prof. Dr. *Ulrich Fehl*, Direktor des Instituts für Genossenschaftswesen an der Philipps-Universität Marburg

Liebe Frau Hamm, lieber Herr Hamm,
meine Damen und Herren,

Herr Kollege *Schüller* hat soeben in eindrucksvoller Weise Ihre wissenschaftliche Arbeit, lieber Herr *Hamm*, ebenso treffend charakterisiert wie Ihr gesellschaftliches Engagement und Ihre publizistische Tätigkeit. Deutlich geworden ist dabei das ungewöhnlich breite Feld, das Sie im Rahmen unseres Faches bestellt haben. Wie Herr *Schüller* bereits angedeutet hat, gehört hierzu auch das Genossenschaftswesen. Diesem Gebiet haben Sie sich ebenfalls recht früh zugewendet, nämlich vom Beginn Ihrer Marburger Zeit an.

Methodisch haben Sie sich diesem neuen Arbeitsfeld in der gleichen Weise genähert wie dies von Herrn *Schüller* als typisch für Ihre Herangehensweise allgemein herausgestellt worden ist. So dominiert auch bei Ihren genossenschaftsorientierten Arbeiten die ordnungspolitische Sicht der Dinge. In der Auseinandersetzung mit Auffassungen, die Sie nicht teilten, zeichnete sich – was Ihre Vorgehensweise betrifft – für mich immer folgendes Muster ab: Zunächst rekonstruierten Sie in äußerst fairer Weise die Argumentation, die Sie zu kritisieren beabsichtigten. Nach dieser Bestandsaufnahme, in der sich die Vertreter der von Ihnen abgelehnten Auffassungen durchaus wiedererkennen konnten, begann dann eine ausgesprochen sachlich und ruhig vorgetragene Kritik, die dennoch oder gerade wegen Ihrer sachlichen Art manchmal gnadenlos sein konnte bzw. sein kann. Nun ist es nicht Ihre Art, bei der Kritik stehenzubleiben. Vielmehr zeigen Sie auf der Basis Ihrer ordnungspolitischen Erfahrungen und Einsichten immer auch die Wege auf, die aus den verfahrenen Situationen wieder herausführen können. Daraus entsteht zuletzt dann aber auch immer wieder Zuversicht, obwohl Sie wie die meisten Ökonomen gerade nicht von einem überoptimistischen Menschenbild ausgehen.

Dieses Muster der Herangehensweise läßt sich auch in Ihren genossenschaftlichen Arbeiten erkennen. Für den genossenschaftlichen Sektor, und damit indirekt für die mittelständische Wirtschaft, haben Sie nie eine spezielle Behandlung oder gar einen besonderen Schutz beansprucht, sondern lediglich den Abbau von diskriminierenden Hemmnissen gefordert, um auf diese Weise das Saatbeet für unternehmerische Potenzen sozusagen funktionstüchtig zu erhalten. Stets haben Sie dafür plädiert, daß sich auch die Genossenschaften, wie das dem Fördergedanken der deutschen genossenschaftlichen Tradition entspricht, dem Wettbewerb zu stellen haben. Mit anderen Worten, Genossenschaften haben sich immer im Markt zu bewähren. Auf der anderen Seite haben Sie aber auch Angriffe auf die genossenschaftliche Organisationsform abgewehrt, wenn man dieser Organisationsform inhärente Wettbewerbsbeschränkungen vorwerfen wollte. Durch Ihre klaren Stellungnahmen und die Lösungen, die Sie den Praktikern in Problemsituationen zur Verfügung stellten, haben Sie sich im Bereich der genossenschaftlichen Wirtschaft ein hohes Ansehen erworben, was nicht zuletzt darin zum Ausdruck kommt, daß Ihnen zur Vollendung Ihres 60. Lebensjahres die goldene Ehrennadel des

Deutschen Genossenschafts- und Raiffeisenverbandes verliehen worden ist. Als Nachfolger von *Gerhard Albrecht* haben Sie ein Vierteljahrhundert daran mitgewirkt, den guten Ruf des Instituts für Genossenschaftswesen in Marburg zu befestigen und zu befördern. Dies geschah nicht zuletzt während der zwanzig Jahre, in denen Sie das Institut als geschäftsführender Direktor geleitet haben. All dies ist im Institut unvergessen, und wir nutzen heute die Gelegenheit, Ihnen dafür herzlich zu danken.

In Ihrer Zeit im Institut haben Sie mit dem Kollegen von der juristischen Seite, Herrn *Beuthien*, und dem Kollegen von der betriebswirtschaftlichen Seite, Herrn *Dülfer*, eng zusammengearbeitet und damit etwas praktiziert, was gerade heute stark propagiert wird, nämlich Interdisziplinarität. Ich betone dies deshalb, weil sich daran zeigt, daß Sie auch in dieser Hinsicht eine Art von Pionier gewesen sind, was unseren Fachbereich betrifft. Bekanntlich bemüht man sich gegenwärtig durch den Aufbau von Sektionen, diesen fächerübergreifenden Gedanken auf breiter Front zu realisieren.

Herr *Schüller* hat bereits hervorgehoben, wie zahlreich die Arbeiten sind, die Sie nach dem Ausscheiden aus dem aktiven Dienst angefertigt haben. Gleiches kann für den genossenschaftlichen Bereich festgestellt werden. Auch hier haben Sie Ihre Vortragtätigkeit keineswegs eingestellt. Außerdem haben Sie eine ganze Reihe weiterer Beiträge veröffentlicht. Wir hoffen und wünschen alle, daß diese Produktivität und Leistungsfähigkeit Ihnen auch künftig erhalten bleiben möge. Voraussetzung hierfür ist freilich eine stabile Gesundheit. Diese wünschen wir Ihnen vor allem.

Ich möchte mit einem persönlichen Dankeswort schließen. Als ich als frischgebackener Volkswirt aus Nürnberg nach Marburg kam und hier meine Assistentenzeit begann, hatte ich das Vergnügen, an einer ganzen Reihe Ihrer Seminare teilzunehmen, wobei ich insbesondere an die Doktorandenseminare und an die Seminare mit Vertretern der pharmazeutischen Industrie denke. Ich habe in diesen Seminaren viel gelernt und konnte dabei insbesondere mein wirtschaftspolitisches Urteilsvermögen weiterentwickeln. Mir ist diese Zeit mit ihren Erfahrungen in bester Erinnerung geblieben, auch was den geselligen Teil betrifft. Für die Möglichkeit, an diesen Seminaren teilnehmen zu können, sage ich Ihnen bei dieser Gelegenheit ganz herzlichen Dank.

Alfred Schüller (Hg.), Orientierungen für ordnungspolitische Reformen
Studien zur Ordnungsökonomik · Nr. 29 · Stuttgart · 2003

Gesundheitspolitik: quo vadis?
Der Weg zu einer marktwirtschaftlichen Reform

Peter Oberender und *Jürgen Zerth*

Inhalt

1. Problemstellung und Einführung 8
2. Systemimmanente Lösungsansätze 9
   2.1. Das Dilemma eines Wachstumsmarktes 9
   2.2. Zielsetzungen der Gesundheitspolitik 9
      2.2.1. Zielkonflikte zwischen Innen- und Außensteuerung 10
      2.2.2. Eine ordnungspolitische Bewertung 11
   2.3. Herausforderungen im Gesundheitswesen 13
   2.4. Zwischenergebnis 14
3. Ein marktwirtschaftliches Lösungsmodell 14
   3.1. Soziale Ordnungspolitik als Grundlage 15
   3.2. Krankenversicherungsmodell der Zukunft 16
      3.2.1. Versicherungswettbewerb 16
      3.2.2. Umverteilung: Schutz ökonomisch Schwacher 17
      3.2.3. Neugestaltung der Versorgungsstrukturen 19
   3.3. Zum Problem des Systemwechsels 20
4. Resümee 21

Literatur 21

1. Problemstellung und Einführung

Die Diskussion um eine Reform des Gesundheitssystems beherrscht seit fast 20 Jahren in unterschiedlicher Intensität die öffentliche Diskussion. Insofern reiht sich die gegenwärtige Diskussion um die nächste anstehende Gesundheitsreform fast schon in eine Tradition ein. Trotzdem scheint den politisch Handelnden bewußt zu sein, daß angesichts der zu erwartenden demographischen und medizintechnischen Beitragssatzeffekte das gegenwärtig noch prioritäre politische *Ziel* der *Beitragssatzstabilität* weitgehend *unrealistisch* und kaum noch glaubwürdig erscheint. Die Politik steht vor der Entscheidung, entweder den Leistungskatalog der Gesetzlichen Krankenversicherung (GKV) drastisch zu kürzen und insbesondere Preis- und Mengenrationierungen vorzunehmen oder in eine Diskussion um die Reform des gesamten Sicherungssystems im Gesundheitswesen einzusteigen.[1]

Gesundheitsökonomische Analysen der Probleme des deutschen Gesundheitswesens sind mittlerweile Legion und lassen sich – kurz gefaßt – in exogene Herausforderungen der Demographie und des medizinisch-technischen Fortschrittes sowie in implizite Steuerungsmängel, die an der Gestaltung der Struktur sowie den Anreizbeziehungen ansetzen, unterteilen (vgl. dazu auch *Sauerland* 1999, S. 265 ff.):

– Die vorhandenen *Anreizsysteme* und ein Großteil der Sanktionsmechanismen sind nicht qualitätsorientiert.
– Es besteht *keine effektive Kontrolle der Angebotsmenge sowie der Qualität*. Insbesondere infolge der finanziellen *sektoralen Trennung* der Versorgungsstrukturen bleiben bisherige Ansätze der integrierten Versorgung Stückwerk.
– Der Wettbewerbsprozeß zwischen Leistungserbringern, Kostenträgern und Versicherten/Patienten ist durch eine *Vielzahl an interventionistischen Regulierungen und Reglementierungen* eingeschränkt, die sich teilweise gegenseitig widersprechen.
– Es *mangelt an Anreizen und Wahlmöglichkeiten* für ein *kostenbewußtes Verhalten* der *Versicherten*. Selbstbeteiligungsregelungen dienen häufig eher dem fiskalischen Zweck als dem Zweck der Steuerung.

Damit stellt sich die Frage nach einer *grundsätzlichen Reform* des Gesundheitswesens. Als Kernelemente jeder Diskussion um die Ausgestaltung des sozialen Sicherungssystems lassen sich *drei Kernelemente* herausarbeiten:

– Abgrenzung der *Solidarität* und Ausmaß der *Eigenverantwortung,*
– Ausgestaltung der *Finanzierung,*
– Ausgestaltung des *Leistungsangebots.*

Im folgenden wird die Frage nach der gesundheitspolitischen Zukunft des Gesundheitswesen bearbeitet; dabei werden sowohl systemimmanente Vorschläge bewertet als auch die Option eines Systemwechsels beleuchtet.

---

[1] Vgl. schon dazu die Analysen und Vorschläge der *Wissenschaftlichen Arbeitsgruppe „Krankenversicherung"* (1987) sowie *Gitter* und *Oberender* (1987).

2. Systemimmanente Lösungsansätze

2.1. Das Dilemma eines Wachstumsmarktes

Das Gesundheitswesen in Deutschland steht vor einem besonderen Dilemma. Einerseits versucht die Politik seit Mitte der siebziger Jahre, durch unzählige „Kostendämpfungsgesetze" die Ausgabenentwicklung im Gesundheitswesen[2] einzudämmen, andererseits kann der Anstieg der Gesundheitsausgaben und der damit korrespondierenden Versorgungskennzahlen sowohl auf einer höheren Wertschätzung als auch auf Preiseffekten beruhen. Wie *Knappe* und auch *Pimpertz* herausarbeiten, bleibt die Analyse der einfachen empirischen Daten ambivalent. Es sind sicherlich Preiseffekte zu konstatieren, die aber auch auf das Regulierungshandeln zurückgeführt werden müssen, jedoch sind auch deutlich Bereiche der Versorgung zu erkennen, die auf Mengensteigerungen beruhen und damit auch Ausdruck von Nachfragepräferenzen sind (vgl. *Knappe* 2001, S. 139 f.; vgl. auch *Pimpertz* 2002, S. 11 ff.). So kann der Gesundheitsmarkt durchaus als volkswirtschaftlicher *Wachstumsmarkt* verstanden werden: Der *Sachverständigenrat für die Konzertierte Aktion im Gesundheitswesen* schätzte im Sondergutachten 1996 einen positiven Netto-Beschäftigungseffekt von ca. 6000 Beschäftigten bei Erhöhung der Gesundheitsausgaben um 1 Mrd. DM ein.[3] Unter Berücksichtigung der arbeitsmarktpolitischen Situation mutet daher die Politik einer Kostendämpfung als sonderbar an.

Ausgaben im Gesundheitswesen und die Veränderung der Ausgaben sind aus volkswirtschaftlicher Perspektive zunächst Ausdruck des normalen Strukturwandels einer Wirtschaft. Die Bedeutung der Ausgabenproblematik in der Gesundheitswirtschaft entsteht erst durch die Koppelung der Krankenkassenbeiträge an die Lohnkosten, was unter Berücksichtigung schwach steigender Produktivität Auswirkungen auf die Wettbewerbsfähigkeit mit sich bringen kann und letztlich muß. Das Prinzip der Beitragssatzstabilität, das daraus abgeleitet ist, ist jedoch rein sozial- oder wirtschaftspolitisch begründet und hat mit der Gesundheitsversorgung per se nichts zu tun (vgl. *Oberender* und *Zerth* 2002, S. 47). Damit wird aber unmittelbar die Bedeutung der Steuerungsprinzipien des Gesundheitswesens deutlich.

2.2. Zielsetzungen der Gesundheitspolitik

Bei Betrachtung der Steuerungsprinzipien der deutschen Gesundheitsversorgung lassen sich durch einen Blick in die wesentliche Rechtsvorschrift des Sozialgesetzbuches (SGB) V drei Grundziele der Gesundheitspolitik identifizieren:

---

[2] *Walter Hamm* hat bereits frühzeitig auf die Gefahren einer Politik der Kostendämpfung hingewiesen. Vgl. *Hamm* (1978; 1992).

[3] Im Sondergutachten 1996 wird bei einer Erhöhung der Gesundheitsausgaben um 1 Mrd. DM ein Beschäftigungseffekt im Gesundheitssektor von 9.212 Erwerbstätigen erwartet; reduziert um den negativen Effekt in anderen Wirtschaftszweigen von 3.676, bleibt ein positiver Saldo von 5.536 (*Sachverständigenrat* 1996, S. 244). Es wird hierbei besonders der nachfragewirksame Effekt von Gesundheitsausgaben berücksichtigt, der im Zusammenhang mit hoher Arbeitsintensität im Gesundheitswesen beispielsweise in der Pflege zu einer Mehrnachfrage nach Beschäftigten führen kann.

- *Beitragssatz*stabilität (§ 71 SGB V),
- ausreichende, zweckmäßige und wirtschaftliche *Versorgung* (§ 72 SGB V),
- angemessene *Honorierung* der Leistungserbringer (§ 72 SGB V).

Diese Grundziele können als Versuch der „Außensteuerung" verstanden werden, anhand derer versucht wird, die politische Zukunftsfähigkeit der Gesundheitspolitik zu sichern und weiterzuentwickeln.[4] Dabei ist jedoch zu berücksichtigen, daß jede Außensteuerung auf die Innensteuerung des Gesundheitssystems Rücksicht nehmen muß. Es ist also gerade die Aufgabe einer ökonomischen Analyse, die Kompatibilität zwischen Außensteuerungszielen und den entsprechenden Anreizsystemen auf der Mikroebene zu untersuchen.

2.2.1. Zielkonflikte zwischen Innen- und Außensteuerung

Die Überprüfung der genannten Ziele bedarf aber zunächst einer Analyse der konstituierenden Steuerungsprinzipien im Gesundheitswesen (immanente Steuerung). Dabei ist zu überprüfen, ob die Zielsetzungen der Makroebene – Sicherstellung einer ausreichenden, notwendigen Versorgung der Patienten bei gleichzeitiger Sicherstellung des Prinzips der Beitragsatzstabilität – durch das System überhaupt erfüllbar sind.

Im Gesundheitswesen liegt ein System unterschiedlicher Prinzipal-Agenten-Beziehungen vor. Prinzipal und Agent haben nicht zwangsläufig die gleiche Interessenlage, unter Umständen liegt beim Agenten ein Informationsvorsprung vor, und es existieren noch Kontrollkosten (vgl. *Sauerland* 1999, S. 281 f.). Während der Patient vor allem die Zielgröße Qualität anstrebt, ist für den Kostenträger die Effizienz der Behandlung relevant. Gleichzeitig ist für den Arzt tendenziell die Zielgröße Qualität und angemessene Honorierung entscheidend, wohingegen die Versicherung wiederum die Zielgröße Effizienz anstrebt. Ein derartiges Auseinanderfallen unterschiedlicher Zielgrößen ist Grundlage vieler Austausch- und Wettbewerbsbeziehungen und grundsätzlich nicht problematisch, solange es institutionelle Vorkehrungen gibt, die einen Ausgleich der gegenläufigen Interessen erlauben. Grundlegende Strukturprinzipien der GKV wie *Solidarprinzip* (einkommensabhängige Beiträge bei beitragsunabhängigen Leistungen) sowie das *Sachleistungsprinzip*, das ein Auseinanderfallen von Leistungsinanspruchnahme und Kostenbeteiligung für den Patienten impliziert (vgl. hierzu *Oberender, Hebborn* und *Zerth* 2002, S. 33 ff.), erlauben jedoch keine entsprechende Koordination unterschiedlicher Zielsetzungen auf der Mikroebene, sondern erzeugen noch den Anreiz zur Fehlsteuerung. Bedingt durch das Sachleistungsprinzip, wird der Zusammenhang zwischen der Leistungsinanspruchnahme und der Steigerung der GKV-Gesamtausgaben für den Versicherten unfühlbar. Gleichzeitig erzwingt die sektorale Trennung der Vergütung beim Leistungserbringer den Anreiz, als „teuer" empfundene Patienten in eine andere Versorgungsebene zu überweisen. Es liegt ein „*Verantwortungsvakuum*" (*Oberender, Hebborn* und *Zerth* 2002, S. 55) aller Beteiligten vor.

---

[4] *Okruch* (2001, S. 122 f.) stellt sehr ausführlich die Defizite der Innensteuerung den Versuchen gesundheitspolitischer Außensteuerung entgegen.

Die Zielsetzungen auf Systemebene laufen konträr zum Anreizverhalten der Beteiligten, es kann eine Art „*Rationalitätenfalle*" (*Oberender, Hebborn* und *Zerth* 2002, S. 55) diagnostiziert werden. Die Verantwortung hierfür ist jedoch nicht bei den Beteiligten zu suchen, sondern das rationale Verhalten der Akteure auf gesetzte Anreize führt dazu, daß sich alle Beteiligten im Sinne der (simultanen) Ziele Beitragssatzstabilität sowie angemessene und notwendige Versorgung kontraproduktiv verhalten, was aber der Rahmensetzung zuzuordnen ist.

Die bisherigen Maßnahmen der Gesundheitspolitik haben versucht, entweder über ausgabenbeschränkende Mittel (Budgetierung, Richtgrößen usw.) oder über einnahmenkonsolidierende Politiken (Erweiterung der Beitragsbemessungsgrenze) das Dilemma zwischen den Zielsetzungen zu beheben. Eine grundsätzliche Reform der zugrundeliegenden Strukturvariablen wurde jedoch nicht vorgenommen.

Durch die Finanzierung über das *Umlageverfahren* müssen steigende Ausgaben durch steigende Einnahmen (Produkt aus durchschnittlichem Beitragssatz und Grundlohnsumme der gesetzlich Versicherten) gedeckt werden. Wächst die Grundlohnsumme nicht im gleichen Maße wie die Ausgaben, so müssen unter Beachtung der weiteren Nebenbedingungen die Beitragssätze erhöht werden. Durch diesen inhärenten Zielkonflikt ist die politische Diskussion ständig von neuen Gesundheitsreformdebatten geprägt, die letztendlich immer wieder an der Ausrichtung des Gesundheitswesens am Solidarprinzip und an der Finanzierung nach dem Umlageverfahren anknüpfen. Insofern stellt sich die Frage nach einer ordnungspolitischen Grundsatzentscheidung des Gesundheitswesens.

2.2.2. Eine ordnungspolitische Bewertung

Die ordnungspolitische Bewertung einer Politikmaßnahme braucht ein zugrundeliegendes *Leitbild*. Dieses muß die Frage regeln, wer innerhalb einer Gesellschaft darüber entscheidet, welcher Bedarf tatsächlich vorhanden ist, welche Leistungen notwendig und wie sie zu erbringen sind und welche Innovationen tatsächlich durchgeführt werden. Die Antwort auf diese Fragen hängt davon ab, welchem Steuerungsmechanismus das Gesundheitswesen unterworfen ist. Es ist die ordnungspolitische Aufgabe, *allgemeine Regeln* zu schaffen, nach denen in einer arbeitsteiligen Wirtschaft die Aktivitäten der Individuen aufeinander abgestimmt werden (vgl. *Oberender* und *Zerth* 2002, S. 11). Diese Regeln legen Entscheidungskompetenzen und Verantwortlichkeiten fest. Sie etablieren einen Mechanismus, der individuelles Verhalten koordiniert. Je nachdem, wo Entscheidungskompetenzen und Verantwortlichkeiten angesiedelt sind, lassen sich im Gesundheitswesen drei grundlegende Steuerungsmechanismen unterscheiden: die *Globalsteuerung* (Makroebene), die Steuerung durch die *Verbandsebene* (Mesoebene) und die *dezentrale Steuerung* (Mikroebene). Die ersten beiden Varianten lassen sich idealtypisch dem Gedanken einer Zentralverwaltungswirtschaft zuordnen, die dezentrale Steuerung entspricht einer marktwirtschaftlichen Ordnung. Eine marktwirtschaftliche Ordnung ist dabei nicht chaotisch organisiert, sondern der Staat hält sich grundsätzlich aus den Austauschbeziehungen heraus und hat die Aufgabe, die Austauschprozesse auf dezentraler Ebene mit Hilfe allgemeiner Regeln zu begleiten (vgl. *Oberender* 1992, S. 136 f.).

Da das Gesundheitswesen in Deutschland – wie alle Systeme sozialer Sicherung – auch dem Gedanken der Sozialen Marktwirtschaft folgt, sind Elemente des Marktes mit dem Anspruch einer am Bedarf orientierten Sozialpolitik zu vereinbaren. Dies ließe sich durchaus mit dem Gedanken einer dezentralen Steuerung verbinden (vgl. *Wissenschaftliche Arbeitsgruppe „Krankenversicherung"* 1987). Jedoch zeigt die bisherige Vorgehensweise der Gesundheitspolitik, daß die Lösung der Steuerungsprobleme vornehmlich über Regulierungen gesucht wird, die sowohl Zielsetzung als auch Vorgehensweise den Akteuren vorgeben (Steuerung über die Makroebene).

Abbildung 1: Steuerungsebenen im Gesundheitswesen

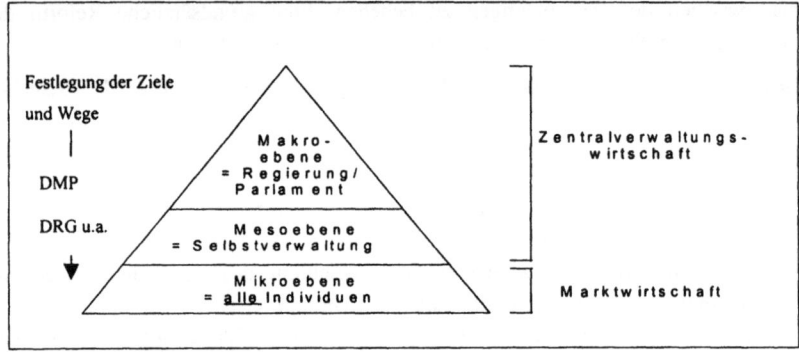

Quelle: eigene Darstellung

Sowohl die Einführung der fallpauschalierten Vergütung nach Diagnosis Related Groups (DRG) für Krankenhäuser, die Diskussion um die Positivliste als auch die Einführung von Disease-Management-Programmen (DMP) mit Anknüpfung an den Risikostrukturausgleich (RSA) können als Beispiele der jüngeren Zeit für interventionistisches Handeln betrachtet werden. Alle diese Maßnahmen sind von der wirtschaftspolitischen Vorstellung geprägt, der Staat könne die richtige Zielsetzung und den richtigen Weg(!) für alle Akteure vorgeben, um den Bedürfnissen des „Gemeinwohls" zu genügen. Unter evolutorischen Gesichtspunkten ist zu kritisieren, daß staatliche Regulierungsmaßnahmen in aller Regel innovative Kräfte be-, wenn nicht sogar verhindern (vgl. bereits *Hamm* 1984, S. 22 ff.).

Gleichzeitig dürfen die Anreize für die politisch Handelnden im Gesundheitswesen nicht außer acht gelassen werden (*Oberender* und *Zerth* 2002, S. 49 f.). Die Einsicht in die Notwendigkeit politischer Reformen konfligiert mit dem Anspruch der Politik, den Bürgern im Rahmen der Gesetzlichen Krankenversicherung eine möglichst lückenlose und umfassende Krankenversicherung zu bieten. Argumentationsgrundlage ist hierbei der Gleichheitsgrundsatz. Die Solidargemeinschaft müsse allen Bürgern unterschiedslos den Zugang zur modernen Hochleistungsmedizin ermöglichen. Diese Egalisierungstendenzen hemmen jedoch wieder den Willen, Leistungen der solidarischen Finanzierung zu entziehen, oder haben eine weitergehende Tendenz zur Leistungsausdehnung zur Folge. Die Sicherung einer marktwirtschaftlichen Ordnung, die allgemeingültigen,

Gesundheitspolitik: quo vadis?

möglichst diskriminierungsfreien Regeln folgt, wird von einer derartigen Politik massiv beeinträchtigt, es liegt die Tendenz zu einer ständigen *Interventionsspirale* vor.

2.3. Herausforderungen im Gesundheitswesen

Die Weiterentwicklung des Gesundheitswesens muß sich vor allem an künftigen Herausforderungen messen lassen. Auch wenn die Bedeutung des *medizinisch-technischen Fortschrittes* und der *demographischen Entwicklung* in vielen gesundheitsökonomischen und -politischen Beiträgen berücksichtigt wird, so ist doch der Zusammenhang der exogenen Herausforderungen auf die langfristige Finanzierungsfähigkeit des Sicherungssystems von entscheidender Bedeutung. Insbesondere sind die Wechselwirkungen zwischen dem demographischen und dem medizinischen-technischen Fortschritt zu berücksichtigen (vgl. *Ulrich* 2000, S. 163 f.). Zwar kann eine dämpfende Wirkung auf die Gesundheitsausgaben durch die Wechselwirkung zwischen Alter und technischem Fortschritt eintreten, da bei Ansteigen der fortschrittsbedingten Lebenserwartung die einzelnen Sterbeziffern absinken und sich somit in den einzelnen Altersgruppen weniger Menschen in der teuren letzten Phase ihres Lebens befinden. Gleichzeitig ist aber zu berücksichtigen, daß die moderne Medizin zwar das Leben verlängern kann, dies aber nicht unbedingt mit einer Beschwerdefreiheit und völligen Funktionstüchtigkeit verbunden ist. Vielmehr sind mit wachsendem Alter stärkere Funktionseinschränkungen und eine daraus resultierende medizinische Nachfrage zu erwarten (vgl. *Ulrich* 2000, S. 168, vgl. dazu auch *Oberender, Hebborn* und *Zerth* 2002, S. 132 f.). Unter Berücksichtigung dieser Ergebnisse kommen auch die unterschiedlichen Beitragssatzprognosen zum Ergebnis, daß neben der Rationalisierungsnotwendigkeit im Gesundheitswesen das längerfristige Problem der „Kapitaldeckung" des GKV-Systems zu lösen ist.[5]

Vor dem Hintergrund der demographisch zu erwartenden Mehrausgaben wird zukünftig die Deckung der Finanzierungslücke immer relevanter (dabei ist auch das Verhältnis von zahlenden Erwerbstätigen zu Leistungsbeziehern zu berücksichtigen). Damit nimmt die Bedeutung von *Kapitalrückstellungen* (Kapitaldeckung) zu. Entscheidend wird es in diesem Zusammenhang jedoch sein, auf welcher gesellschaftlichen Steuerungsebene die *Kapitaldeckung* eingeführt wird. Bleibt die Kapitaldeckung Element des GKV-Umlagesystems, so ist die Gefährdung durch *politische Verschiebebahnhöfe* nicht von der Hand zu weisen. Die andere *Alternative* würde die *Kapitalrückstellungen* am *individuellen Versicherten* ansetzen lassen.

Als dritte wesentliche Herausforderung für das Gesundheitssystem ist das Problem der *fehlenden Marktöffnung* zu verstehen. Das deutsche Gesundheitssystem ist wie die meisten Gesundheitssysteme in anderen Staaten auch gekennzeichnet durch ein umfassendes, in sich geschlossenes Regulierungssystem, das vor allem die Steuerungsprozesse vom internationalen Wettbewerb abschirmen soll (vgl. *Okruch* 2001, S. 130 f.). Gerade jedoch vor dem Hintergrund der Osterweiterung der Europäischen Union wird die

---

[5] Die Problematik der zukünftigen Erfassung des demographiebedingten Beitragsanstieges ist u. a. Argument für die Einführung eines Kopfprämienmodells. Vgl. hierzu *Henke, Johannßen, Neubauer, Rumm* und *Wasem* (2002).

Frage nach der Anpassungsfähigkeit der sozialen Sicherungssysteme von entscheidender Bedeutung sein. Eine steigende Nachfrage aus den Beitrittsländern ist zu erwarten, gleichzeitig wird es infolge des Gebrauchs der Grundfreiheiten kaum mehr möglich sein, die Gesundheitsmärkte und -systeme vom Integrationsprozeß auszunehmen (vgl. auch *Knappe* 2001).

2.4. Zwischenergebnis

Das Gesundheitssystem steht vor der Frage, wie es sowohl den *immanenten Steuerungsdefiziten* als auch den *exogenen Herausforderungen* begegnen will. Vor allem die Bedeutung des medizinisch-technischen Fortschrittes macht eine ordnungspolitische Antwort erforderlich, wie künftig Selbstverantwortung und Solidarität miteinander vereinbart werden können, ohne daß gesundheitspolitische Regulierungen die Innovationskraft des Gesundheitssystems behindern. Dies stellt unmittelbar die Frage nach der künftigen Ausgestaltung des Gesundheitswesens. Das Kernproblem des Gesundheitswesens ist die typische ökonomische Frage, wie und wer über die ubiquitäre Knappheit entscheiden soll. Die bisherigen Ansätze zur Steuerung haben jeweils nur kurzfristig helfen können, entweder das Ausgabenwachstum einzudämmen oder den Anstieg des Beitragssatzes zu reduzieren (vgl. *Oberender* und *Zerth* 2002, S. 14 ff.).

Ökonomische Lösungsansätze wollen Strategien entwickeln, wie mit diesem Problem umgegangen werden soll, wenn unterstellt werden kann, daß auch im Gesundheitswesen rational handelnde Individuen auf die Situationsumgebung reagieren, d. h. Anreizen folgen.[6] Ohne auf die allgemeine Diskussion eingehen zu wollen, ob Gesundheitsleistungen besondere Güter sind, die einen wettbewerblichen Ausnahmebereich rechtfertigen, soll im folgenden ein marktwirtschaftlicher Ansatz für das Gesundheitswesen gezeigt werden.

3. Ein marktwirtschaftliches Lösungsmodell

Die bisherige Analyse hat verdeutlicht, daß gemäß ökonomischer Überlegungen an den Anreizstrukturen bzw. Koordinationsmechanismen im Gesundheitswesen anzusetzen ist. Der Umgang mit gesellschaftlichen Anreizstrukturen und ihren Wirkungen auf individuelles Verhalten ist zentraler Untersuchungsgegenstand der ökonomischen Wissenschaft.[7] Übertragen auf die Austauschbeziehungen im Gesundheitswesen, kann das allgemeine Ziel unterstellt werden, daß ein Gesundheitssystem der Befriedigung der Patientenbedürfnisse unter der Einschränkung der Knappheit zu dienen hat (vgl. *Oberender* und *Zerth* 2002, S. 11). Für die weitere Betrachtung läßt sich ohne Einschrän-

---

[6] Eine ökonomische Betrachtung kann immer nur am durchschnittlichen Verhalten der Akteure ansetzen. Aussagen zur individuellen Situation und gar zu individuellen Motiven oder Beweggründen fallen nicht in das ökonomische Forschungsprogramm (vgl. u. a. *Homann* 1994).

[7] Damit ist nicht ein ökonomischer Imperialismus gemeint. Eine erfolgreiche Reform im Bereich des Gesundheitswesens kann sicherlich nicht gelingen, wenn nicht insbesondere ein Zusammenspiel zwischen Medizin, Ethik und Ökonomik gewährleistet ist (vgl. dazu *Oberender* und *Fleischmann* 2002, S. 89).

kung der Allgemeinheit ein Gesundheitssystem aus drei Grundakteuren kennzeichnen: den Patienten als Nachfragern und medizinischen Leistungserbringern als Anbietern; übernehmen Krankenversicherungen innerhalb des Gesundheitssystems die Aufgabe der Kollektivvorsorge, so kommen sie als dritter Part hinzu. Die drei Parteien stehen untereinander in Austauschbeziehungen, indem sie wechselseitig Leistungen abgeben. Für eine grundlegende Gesundheitsreform sind somit die Finanzierung einerseits sowie Organisation und Gestaltung der Leistung andererseits von Bedeutung.

3.1. Soziale Ordnungspolitik als Grundlage

Grundlage einer marktwirtschaftlichen Ordnung ist die Orientierung am *Individualprinzip*. In der Marktlogik bedeutet dies, daß die Präferenzen, d. h. die Konsuminteressen der Bürger Vorrang haben. Produzenten müssen sich danach richten, wenn sie auf Märkten erfolgreich sein wollen. Hinter dem Individualprinzip steht das Prinzip des *mündigen Bürgers*, der grundsätzlich in der Lage ist, seine Interessen zu artikulieren, sie zur Geltung zu bringen und sie auf der Basis eigenverantwortlicher Entscheidungen zu verwirklichen. Damit ist nicht gemeint, der Bürger sei allwissend. Das Risiko, Fehlentscheidungen treffen zu können, ist unmittelbar damit verbunden; es ist nur wichtig, daß dem einzelnen auch die Verantwortung für sein Handeln zugeschrieben werden kann (vgl. *Oberender* und *Fleischmann* 2002, S. 111 f.). Es muß das *Haftungsprinzip* angewandt werden. Gleichzeitig bedarf es einer Wettbewerbsordnung, die der Chance des ungehinderten Markteintritts von Anbietern alternativer Problemlösungen gerecht wird, verbunden mit dem Risiko der Verdrängung für etablierte Marktteilnehmer (vgl. *Hamm* 1994, S. 307 ff.).

Übertragen auf das Gesundheitswesen, bedeutet ein derartiges Steuerungsprinzip die Notwendigkeit *dezentraler Steuerung*. Eine dezentrale Steuerung kann einerseits die Selbstbestimmung der Akteure gewährleisten, andererseits bietet eine dezentrale Steuerung ein zweckmäßiges System, unterschiedliches Wissen für Innovation und Organisation zu nutzen (vgl. *Okruch* 2001, S. 134). Die Gestaltung eines Gesundheitssystems ist aber neben der Frage der Selbstverantwortung unmittelbar mit der Ausgestaltung der Solidarität verbunden. Solidarität läßt sich einerseits ethisch dadurch rechtfertigen, daß niemandem die Mittel vorenthalten werden dürfen, die er benötigt, um seine Existenz aufrechtzuerhalten. In diesem Zusammenhang ist die medizinische Versorgung als notwendig anzusehen. Darüber hinaus beruhen arbeitsteilige Gesellschaften auch auf der kollektiven Absicherung gewisser extremer Risiken. Die solidarische Absicherung ermöglicht dem einzelnen die Teilnahme am modernen Leben bzw. stabilisiert die moderne Gesellschaft und insbesondere das Marktgeschehen.[8]

Die Mündigkeit jedes einzelnen ist aufgrund der Komplexität der Realität unbedingt anzuerkennen. Souveränität des Bürgers ist demnach das Pendant zur Eigenverantwortung. Eine Sozialpolitik muß deshalb die Grundsätze der formalen Gerechtigkeit erfüllen und auf allgemeinen Regeln begründet sein, also als *soziale Ordnungspolitik* konzipiert werden. Eine subsidiär ausgerichtete Sozialpolitik hat sich hierbei auf die Siche-

---

[8] Insbesondere *Homann* und *Pies* (1996) diskutieren eine „Sozialpolitik für den Markt", die versucht, gemeinsame Interessenfelder zwischen Freiheit und Sicherheit herauszuarbeiten.

rung schutzbedürftiger Bevölkerungskreise gegen elementare *existenzbedrohende Risiken* und deren Folgen zu konzentrieren. Der einzelne Mensch und seine adäquate Bedürfnisbefriedigung und nicht Institutionen sowie deren Schutz müssen demzufolge im Mittelpunkt stehen. Sozialpolitik im Markt kann beispielsweise bedeuten: Stärkung ökonomisch Schwacher durch Einkommenstransfers bei gleichzeitiger Respektierung der Souveränität des einzelnen (*Oberender* und *Fricke* 1994), d. h. Geld- statt Sachleistungen. Die Grundsatzfrage sozialpolitischer Fragen (wer wird geschützt?) ist demnach als *allgemeines Prinzip* auf der Makroebene festzulegen, die konkrete Umsetzung kann durchaus dezentralen, regionalen Einheiten überlassen werden.

Ziel der Reform der Gesetzlichen Krankenversicherung muß es sein, Entscheidungskompetenzen auf die Ebene der einzelnen Bürger zurückzuverlagern, gleichzeitig aber eine anreizkompatible Umverteilung zu gewährleisten. Dabei muß es sich nicht um einen gordischen Knoten handeln, wenn berücksichtigt wird, daß eine Verschwendung der Ressourcen so lange systeminhärent ist, solange Anreize bestehen, über fremde Ressourcen ohne finanzielle Verantwortung zu verfügen. Bei einer Zusammenführung *individueller Handlung* und *finanzieller Verantwortung* ließen sich derartige Anreizprobleme lösen. Bezugnehmend auf die Krankenversicherung, ist demnach zwischen Versicherungsmarkt und Umverteilungsebene zu trennen. Bei einer Grundversicherung für alle (*allgemeine Versicherungspflicht*), kombiniert mit der Möglichkeit, *risikoäquivalente Prämien* zwischen Versicherten und Kostenträgern zu vereinbaren (*Marktlösung*), ließe sich die Umverteilungskomponente über eine *Subjektförderung*, beispielsweise eine *Versicherungsgeldlösung*, anreizneutral gestalten (vgl. *Ruckdäschel* 2000, S. 165 ff.). Dieses Modell soll nun im folgenden weiter diskutiert werden.

3.2. Krankenversicherungsmodell der Zukunft

Grundlage der meisten Reformvorschläge im Gesundheitswesen ist die Vorgabe, den Umfang des solidarisch finanzierten Gesundheitswesen zu begrenzen. Jedoch führt, wie die Analyse bereits gezeigt hat, ein reine Ausgaben- und Einnahmenpolitik nicht zu einem tragfähigen Ergebnis. Entscheidend ist, die Anreiz- und Steuerungsbeziehungen zu berücksichtigen und eine entsprechende Reform vor allem an den zugrundeliegenden Finanzierungsbeziehungen auszurichten. Gemäß der Referenz des Individualprinzips gilt es, das Verhältnis zwischen Eigenverantwortung und Solidarität auszuloten.

3.2.1. Versicherungswettbewerb

Das System der beitragsunabhängigen Leistungen und der einkommensabhängigen Beiträge beläßt sowohl das versicherungstechnische *Prämienrisiko* als auch das *Umverteilungsrisiko* beim Kostenträger. Ein alternatives Versicherungsmodell würde bei einer *allgemeinen Versicherungspflicht* an einer *Grundabsicherung* ansetzen, den Versicherungsaspekt vom Umverteilungsaspekt jedoch trennen. Wie die Versicherten dieser Pflicht nachkommen, ist ihren eigenen Vorstellungen zu überlassen.

Im Gegensatz zum gegenwärtigen System wird nicht vorgeschrieben, wie der Versicherungsvertrag auszugestalten ist. Mit anderen Worten ist es nicht erforderlich, zwingend eine gesetzliche Krankenversicherung als Organisation vorzuhalten. Vielmehr kann dieser Markt für verschiedene Versicherungsanbieter geöffnet werden. Konstitutives Element eines marktwirtschaftlichen Modells für den Versicherungsbereich ist die Möglichkeit, *aktuarische Beiträge* zu erheben, d. h. die Beiträge entsprechend dem individuellen Risiko zu gestalten. Damit ein derartiger Versicherungsmarkt aber auch funktioniert, müssen parallel sowohl das Versicherungs- als auch das Versorgungsvertragsrecht liberalisiert werden. Ein Wettbewerbsprozeß zwischen Versicherungen wird aber nur dann möglich sein, wenn die Kontrollfunktion durch die Versicherten auch wahrgenommen werden kann, d. h. diese vor allem ohne Kosten eine „exit-Option"[9] wahrnehmen können. Aus diesem Grunde spielt die Bildung von Altersrückstellungen, die dem Versicherten mitgegeben werden müssen, eine wichtige Rolle. Diese Pflicht ist als *allgemeines Ordnungsprinzip* einzuführen.

Im Zusammenhang mit der Einführung aktuarischer Prämien werden das Problem der Selektion ‚schlechter' Risiken und die vermutete Nichtversicherbarkeit problematisiert. Zunächst ist darauf hinzuweisen, daß der individuelle Anreiz zur Nutzung des opportunistischen Spielraums aus der Diskrepanz von Versicherungsprämie und dem, dem Versicherungsnehmer, nicht aber der Versicherung bekannten, individuellen Erwartungsschaden resultiert. Zur Ausschaltung eines derartigen individuellen Risikos kann die aktuarische Beitragsgestaltung jedoch dienen. Dem Argument des ‚Rosinenpickens' in diesem Zusammenhang, also Versicherungen würden im Wettbewerb nur Personen mit ‚guten' Risiken aufnehmen, kann ebenfalls damit begegnet werden, daß eine Ablehnung eines Versicherungsvertrages so lange irrational wäre, solange der Grenzgewinn des Kontraktes noch positiv ist (vgl. *Ruckdäschel* 2000, S. 177). Gerade bei einem langfristigen Versicherungsverhältnis ist der Spielraum der Prämiengestaltung naturgemäß groß. Die Frage nach dem sogenannten Änderungsrisiko[10], das sich vor allem auch durch das Altersrisiko erfassen läßt, wirft den Blick auf den Regulierungsbedarf hinsichtlich der Laufzeit der Verträge. Es sind sowohl einperiodige als auch mehrperiodige Verträge denkbar. Auch hier hängt das Ausmaß der Selektion entscheidend vom Marktpreis der Versicherungslösung ab. Damit stellt sich aber folgerichtig die Frage nach der solidarischen Absicherung in einem derartigen Modell und dem nötigen Regulierungsbedarf.

3.2.2. Umverteilung: Schutz ökonomisch Schwacher

Die Krankenversicherungen sollen nicht mit Umverteilungsaufgaben belastet werden. Umverteilung ist in diesem Sinne klassisch dem staatlichen Bereich, d. h. dem Steuer- und Transfersystem, zuzuordnen. Gleichwohl bedarf es zur ordnungspolitischen Stabilität eines entsprechenden Rechtsinstituts, das die solidarische Absicherung auch glaubhaft vermittelt. Ein Vorschlag dazu ist das sogenannte *Versicherungsgeld* (vgl.

---

[9] Exit ist hier durchaus im Sinne *Hirschmans* zu verstehen, in dem Krankenversicherungen den Charakter von Club-Gütern annehmen, zwischen denen ein möglichst reibungsvoller Wechsel möglich sein muß (vgl. *Hirschman* 1970). Die fehlende Möglichkeit der Weitergabe der Altersrückstellungen ist auch als Grundproblem der Privaten Krankenversicherungen zu bezeichnen, wo faktisch nur ein Einstiegswettbewerb stattfindet.

[10] Das Änderungsrisiko ergibt sich daraus, daß die Erwartungswerte für Eintrittswahrscheinlichkeiten und Höhe der Schäden, sowie deren Ursache im Zeitverlauf nicht konstant bleiben. Vgl. auch *Thielbeer* 1999, S. 48 f.

Ruckdäschel 2000, S. 181 ff., vgl. auch *Oberender* 1996, S. 95 f.). Soweit die individuelle aktuarische Prämie einen zu definierenden Eigenanteil übersteigt, hat jeder Versicherte Anspruch auf die Zahlung eines Versicherungsgeldes. Ihm wird die Differenz auf zumutbaren Eigenanteil und aktuarischem Beitrag bis zur Höhe einer Kappungsgrenze erstattet. Als Illustration mag folgendes Beispiel dienen. Für ein mongoloides Kind müßte eine aktuarische Jahresprämie von € 110.000 pro Jahr gezahlt werden. Unter Berücksichtigung eines Eigenanteils von 10 % bei einem Einkommen von € 40.000 pro Jahr hätte die Familie € 4.000 selbst zu tragen. Der Versicherungsbeitrag, der diesen Eigenanteil übersteigt, würde in Form des Versicherungsgeldes als Subjektförderung (€ 106.000 pro Jahr) gewährt.

Abbildung 2: Versicherungsgeld

Beispiel: Mongoloides Kind	
Prämie:	€ 110.000,-- p.a.
Einkommen der Eltern: € 40.000	
Eigenanteil: 10 %	./. € 4.000,--
Versicherungsgeld:	€ 106.000,-- p.a.

Das Versicherungsgeld dient dazu, die Überforderung der individuellen finanziellen Leistungsfähigkeit durch die geforderten aktuarischen Beiträge zu vermeiden. Zur Operationalisierung der Überforderung müssen einerseits der anspruchsberechtigte Personenkreis, andererseits der Umfang der abgesicherten Regelversorgung definiert werden. Dazu ist, auch aufgrund des Fehlens objektiver wissenschaftlicher Kriterien, eine normative, d. h. eine politische Entscheidung zu treffen.[11] Rationierungskriterien wie etwa die Vorhersehbarkeit einer Erkrankung oder die Definition von sogenannten „Großrisiken" sind einem rationalen Diskurs zuzuführen (vgl. etwa *Stillfried* 1996, S. 233 ff.). Ordnungspolitisch muß jedoch der Grundsatz gelten, daß eine Rationierungsentscheidung vom konkreten Krankheitsfall fernzuhalten und möglichst allgemeingültig auf der Makroebene anzusiedeln ist (indirekte Rationierung) (vgl. *Oberender, Hebborn* und *Zerth* 2002, S. 148 ff.).

Die Versicherungsgeldlösung ist charakterisiert durch eine *Subjektförderung* auf Grundlage eines Steuer-Transfer-Systems. Durch die Kombination von Subjektförderung und allgemeiner Versicherungspflicht wird die Unter- und Nichtversicherung verhindert. Gleichzeitig wird durch diese Umverteilungslösung der Marktmechanismus nicht tangiert, die Entscheidungsfreiheit des Geförderten bleibt gewahrt (vgl. *Oberender* 1996, S. 98). *Ruckdäschel* verweist auf die Einschränkung, daß keine Versicherungen mit zu hohen Selbstbehalten gewählt werden dürfen. Zu hohe Selbstbehalte können trotz Versicherungsgeldlösung zu einer individuellen Überforderung führen (*Ruckdäschel* 2000, S. 185).

---

[11] Grundsätzlich ist hierbei die Definition eines Grundleistungskatalogs impliziert, der Grundlage für die Konstruktion eines Versicherungsgeldmodells sein muß.

3.2.3. Neugestaltung der Versorgungsstrukturen

Mit der Reform der Finanzierungsbeziehung sind natürlich Implikationen der Organisation der Leistungserstellung verbunden. Insbesondere die unsystematische *Kommunikations- und Kooperationsbeziehung* zwischen ambulantem und stationärem Sektor ist als problematisch anzusehen. Ein Versorgungssystem, das sich dem Grundgedanken einer *Integrationsversorgung* verschreibt, versucht, Versorgungsleistungen möglichst wirtschaftlich und bei hoher Qualität zu erbringen. Aus diesem Grunde ist die Möglichkeit des *selektiven Kontrahierens* zwingend erforderlich, nach dem einzelne Krankenversicherungen gezielt mit einzelnen Leistungserbringern oder einzelnen Organisationen von Leistungserbringern Vertragsbeziehungen abschließen können (vgl. *Sauerland* 1999, S. 286 f.).

Vor diesem Hintergrund kann ein Wettbewerb zwischen den Krankenversicherungen nur dann nicht zur Einengung von Aktionsparametern und damit zur Einengung der Wahlfreiheit für die Versicherten/Patienten führen, wenn der Krankenkassenwettbewerb dem allgemeinen Wettbewerbsrecht unterliegt. Damit ist aber die bislang gesetzlich gebotene Form des *abgestimmten Verhaltens* („einheitlich und gemeinsam") zu verbieten. Die Frage nach den Ausgestaltungsoptionen der Leistungsbeziehung sind ohne eine Auseinandersetzung mit der Finanzierung und der wettbewerblichen Rolle der Krankenversicherungen nicht zu führen. Gegner liberalisierter Vertragskonzepte greifen einerseits das Problem des Machtgleichgewichts zwischen den Krankenversicherungen und den Ärzten auf und weisen andererseits auf die Problematik der *Sicherstellung* der ärztlichen Leistung, vor allem in ländlichen Regionen, hin. Es ist jedoch zu hinterfragen, ob die Sicherstellung einer zu definierenden Regelversorgung per se der Aufrechterhaltung zwingender Versorgungsstrukturen bedarf oder auch in diesem Bereich dem föderalen Wettbewerb neue Betätigungsfelder übergeben werden können. Statt des Sicherstellungsauftrages mittels staatlicher Angebotsplanung („Bedarfspläne") sollte eine Sicherstellungs*vorgabe* seitens des Staates erfolgen, die dann von Krankenversicherungen zu erfüllen ist.

Alle Ansatzpunkte einer Reform der Leistungsbeziehungen müssen die Anreizebene der Leistungserstellung (Honorierung) berücksichtigen. Durch die *sektorale Budgetierung* war es bislang möglich, Patienten aus dem jeweiligen Finanzierungssystem „heraus zu überweisen" und damit die Kosten auf andere Leistungserbringer zu *externalisieren*. Notwendig sind deshalb *kombinierte Budgets*, die das *Morbiditätsrisiko* eindeutig einem integrierten Versorgungsnetz zuordnen (vgl. *Oberender* und *Fleischmann* 2002, S. 150 f.).

In einer liberalisierten Form der Versorgungsstruktur ist es dann möglich, daß auf *dezentraler Ebene* zwischen dem einzelnen Netz und einer einzelnen Krankenkasse eine Pauschale je Versichertem ausgehandelt werden müßte, der sich für das Netz entscheidet. Korrespondierend dazu ist über *materielle* und/oder *immaterielle Anreize* für *Versicherte* nachzudenken, die sich für die integrierte Versorgung entscheiden. Die Ausgestaltung der Patientensouveränität im Gesundheitswesen ist somit unmittelbar mit den Möglichkeiten der integrierten Versorgung verbunden (vgl. *Oberender* und *Fibelkorn* 1997, S. 93 f.).

Alle Reformkonzepte einer Neuorientierung knüpfen Vertrags- und Vergütungsstrukturen mit dem *Ziel der Qualitätsverbesserung* im Gesundheitswesen zusammen. Als Hauptprobleme werden in der Regel die mangelnde *medizinische* und *ökonomische Transparenz* über die Qualität des Leistungsangebots sowie die fehlenden entsprechenden *Anreize* dazu konzediert. Die bereits eingeführten Möglichkeiten, innovative Versorgungskonzepte zu entwickeln und auszuprobieren, können als *Aufbruch der verkrusteten Situation* bezeichnet werden.[12]

3.3. Zum Problem des Systemwechsels

Das Modell des dargelegten marktwirtschaftlichen Krankenversicherungssystems bildet zunächst einen ordnungspolitischen Leitstern, der zur Orientierung bei den gesundheitspolitischen Reformmaßnahmen dienen kann. Die Implementierung des skizzierten zukunftsfähigen Systems käme einer radikalen ordnungspolitischen Kehrtwende gleich: Bestehende Strukturen werden aufgebrochen, gewachsene informelle und formelle Institutionen verlieren an Bedeutung. Es bedarf weiterer wissenschaftlicher und politischer Überlegungen, Strukturen aufzuzeigen, wie dieses Leitbild verwirklicht werden kann. Grundsätzlich bieten sich zwei Implementierungsstrategien an: *Schocktherapie* oder *graduelle Therapie*. Eine Schocktherapie hat den Vorteil, daß in der Regel unumkehrbare Fakten geschaffen werden; die Frage ist aber zu stellen, ob sich unter Umständen höhere Anpassungslasten auf dem Markt für Wählerstimmen verkaufen lassen (vgl. *Oberender* und *Zerth* 2002, S. 53 f.).

Es bleibt jedoch notwendig, an einer *ordnungspolitisch grundlegenden Reform* des Gesundheitswesens zu arbeiten, da die bisherigen Ansätze in einer ständigen Spirale von Intervention und Gegenintervention endeten, was gerade nicht einer Konstanz und damit Verläßlichkeit der Wirtschaftspolitik im Sinne *Euckens* entspricht. Das Konzept der Sozialen Marktwirtschaft in einer wohlverstandenen ordnungspolitischen Sicht benötigt zu seiner Durchsetzung einen von Partikularinteressen und wirtschaftlichen Machtzusammenballungen unabhängigen, „starken" Ordnungsstaat. Dabei müssen aber insbesondere die Interdependenzen zwischen Marktwirtschaft und Demokratie betont werden, d. h. Einflüsse des Wählerstimmenmarktes müssen Berücksichtigung finden (vgl. auch *Hamm* 1999, S. 23 f.). Eine Ordnungspolitik für die Sozial- und Gesundheitspolitik muß demnach dem *Prinzip der allgemeinen Regeln* folgen und möglichst diskriminierungsfreie Politikmaßnahmen generieren. Darüber hinaus sind jedoch auch die Auswahlmöglichkeiten zwischen unterschiedlichen Politikentwürfen auf der Maßnahmenebene zu ermöglichen, was als Plädoyer für dezentrale Lösungen verstanden werden soll. Gerade dezentrale Strukturen erlauben auch ein kontrolliertes „gesundheitspolitisches Experimentieren" (*Okruch* 2001, S. 134), das innerhalb einer allgemeingültigen Wettbewerbsordnung abläuft.[13]

---

[12] Gemeint sind dabei Strukturverträge und Modellvorhaben sowie die Grundelemente einer integrierten Versorgung nach §§ 140a ff. SGB V.

[13] Wie *Okruch* (2001, S. 134) betont, muß dabei jedoch von der rigiden ordoliberalen Vorstellung Abstand genommen werden, es ließe sich „die quasi zeitgemäße ‚Ordnung der Wirtschaft' ex ante ... bestimmen".

Jede grundsätzliche Reform des Gesundheitssystems bedingt *Umstellungslasten*. Hierbei wird eine „Umlagebevölkerung" verbleiben und Unterstützungsbedarf auslösen. Gleichzeitig ist von einer anderen Bevölkerungsgruppe zusehends Kapital zu bilden. Im Gegensatz zum Umlageverfahren wird die *Umverteilungslast* somit als *gesamtgesellschaftliche* Aufgabe von *allen Steuerzahlern* getragen. Folglich ist die verdeckte Umverteilung im GKV-System beseitigt worden. Bislang mußten die Versicherten mit höheren Einkommen und die noch innerhalb der Beitragsbemessungsgrenze lagen diejenigen mitfinanzieren, die unterhalb des durchschnittlichen Einkommens aller Versicherten lagen. Es stellt sich bei einer strengen Trennung von Versicherungs- und Umverteilungsmarkt jedoch auch die Frage nach der Beibehaltung des Familienlastenausgleichs.

4. Resümee

Mit dem Übergang auf ein Versicherungsgeldmodell können Anreiz- und Steuerungsprobleme im Gesundheitswesen gelöst werden. Die Versicherungen müssen zwangsläufig eine aktivere Rolle als gegenwärtig einnehmen, sind aber gleichzeitig der Kontrollfunktion des Wettbewerbs ausgesetzt, was die Notwendigkeit der Geltung des Wettbewerbsrechts für die Krankenversicherungen noch einmal deutlich macht. Im Wettbewerbsprozeß werden sie versuchen, ihren Kunden ein angemessenes Preis-Leistungs-Verhältnis zu bieten. Die Patienten selbst werden eine aktive Rolle einnehmen können und auch müssen. Die Frage der Leistungsinanspruchnahme und die entsprechende finanzielle Haftung sind unmittelbar transparent. Gleichwohl ist vor allem die ethische Verpflichtung des Schutzes ökonomisch Schwacher durch das Versicherungsgeld sicherzustellen. Die Gesundheitspolitik muß sich entscheiden, ob sie bei den anstehenden Reformen den Schritt zu einem grundsätzlichen Systemwechsel wagen will, der vor allem auf die Leistungsfähigkeit und Innovationskraft der Beteiligten im Gesundheitswesen setzt, oder weiterhin an einer Symptombehandlung festhalten will. Ein marktwirtschaftliches Modell, wie in diesem Beitrag vorgeschlagen, ist sicherlich mutig und in dieser Form ohne Beispiel, es könnte aber gerade deshalb auch ein Beitrag zur ordnungspolitischen Innovation sein, die auch in der Vergangenheit häufig von Deutschland vorangetrieben wurde (*Hamm* 2002).

Literatur

Gitter, Wolfgang und *Peter Oberender* (1987), Möglichkeiten und Grenzen des Wettbewerbs in der GKV, Baden-Baden.

Hamm, Walter (1978), Kollektive Kostendämpfung im Gesundheitswesen, in: Frankfurter Allgemeine Zeitung, Nr. 76 vom 15.04.1978, S. 15.

Hamm, Walter (1984), Programmierte Unfreiheit und Verschwendung: Zur überfälligen Reform der Gesetzlichen Krankenversicherung, in: ORDO, Jahrbuch für die Ordnung von Wirtschaft und Gesellschaft, Bd. 35, S. 21-42.

Hamm, Walter (1992), Sieben Illusionen der Gesundheitspolitik, in: Frankfurter Allgemeine Zeitung, Nr. 163 vom 16.07.1992, S. 11.

Hamm, Walter (1994), Die Funktionen von Privateigentum, Vertragsfreiheit und privater Haftung, in: *Carsten Hermann-Pillath, Otto Schlecht* und *Horst Wünsche* (Hg.), Grundtexte zur Sozialen Marktwirtschaft, Band 3: Marktwirtschaft als Aufgabe, Stuttgart u. a., S. 305-317.

Hamm, Walter (1999), Wozu Wilhelm Röpke raten würde – Orientierungen für die Wirtschaftspolitik, in: ORDO, Jahrbuch für die Ordnung von Wirtschaft und Gesellschaft, Bd. 50, S. 21-32.

Hamm, Walter (2000), Konstanz der Wirtschaftspolitik: Was sie bedeutet und was sie nicht bedeutet, in: *Bernhard Külp* und *Viktor Vanberg* (Hg.), Freiheit und wettbewerbliche Ordnung: Gedenkband zur Erinnerung an Walter Eucken, Freiburg u. a., S. 101-122.

Hamm, Walter (2002), Nachhaltige Gesundheitspolitik, in: Frankfurter Allgemeine Zeitung, Nr. 239 vom 15.10.2002, S. 13.

Henke, Klaus Dirk, Wilfried Johannßen, Günter Neubauer, Ulrich Rumm, und *Jürgen Wasem* (2002), Zukunftsmodell für ein effizientes Gesundheitswesen in Deutschland, Vereinte Krankenversicherung, München.

Hirschman, Albert O. (1970), Exit, Voice, and Loyalty: Responses to Decline in Firms, Organizations, and States, Cambridge, MA.

Homann, Karl (1994), Homo oeconomicus und Dilemmastrukturen, in: *Hermann Sautter* (Hg.), Wirtschaftspolitik in offenen Volkswirtschaften, Festschrift für Helmut Hesse, Göttingen, S. 387-411.

Homann, Karl und *Ingo Pies* (1996), Sozialpolitik für den Markt: Theoretische Perspektiven konstitutioneller Ökonomik, in: *Ingo Pies* und *Martin Leschke* (Hg.): James Buchanans konstitutionelle Ökonomik, Tübingen, S. 203-239.

Knappe, Eckhard (2001), Öffnung des deutschen Gesundheitssystems zum gemeinsamen Markt, in: *Winfried Schmähl* (Hg.), Möglichkeiten und Grenzen einer nationalen Sozialpolitik in der Europäischen Union, Berlin, S. 137-176.

Oberender, Peter (1992), Ordnungspolitik und Steuerung im Gesundheitswesen, in: *Hanfried Andersen, Klaus-Dirk Henke* und *Matthias von Schulenburg* (Hg.), Basiswissen Gesundheitsökonomie, Band 1: Einführende Texte, Berlin, S. 153-172.

Oberender, Peter (1996), Leitlinien für eine Systemkorrektur in der Krankenversicherung, in: *Horst Siebert* (Hg.), Sozialpolitik auf dem Prüfstand, Tübingen, S. 85-110.

*Oberender, Peter.*und *Andrea Fibelkorn-Bechert* (1997), Ein zukunftsfähiges deutsches Gesundheitswesen: Ein Reformvorschlag unter besonderer Berücksichtigung der ambulanten Versorgung, Bayreuth.

Oberender, Peter und *Jochen Fleischmann* (2002), Gesundheitspolitik in der Sozialen Marktwirtschaft: Analysen der Schwachstellen und Perspektiven der Reform, Stuttgart.

Oberender, Peter und *Frank-Ulrich Fricke* (1994), Vom Wohlfahrtsstaat zum Sozialstaat: Einsparungspotentiale im Sozialbudget, Bonn.

Oberender, Peter, Ansgar Hebborn und *Jürgen Zerth* (2002), Wachstumsmarkt Gesundheit, Stuttgart.

Oberender, Peter und *Jürgen Zerth* (2002), Gesundheitspolitik in Deutschland, 2. Auflage, Bayreuth.

Okruch, Stefan (2001), Gesundheitspolitik: Wirtschaftspolitik der Experimente als Ursache und Lösung der Krise des Gesundheitswesens, in: *Lambert Koch* (Hg.), Wirtschaftspolitik im Wandel, München u. a., S. 113-136.

Pimpertz, Jürgen (2002), Leitlinien zur Reform der gesetzlichen Krankenversicherung: Von der fiskalischen Reaktion zur Ordnungspolitik des Gesundheitswesen, Beiträge zur Wirtschafts- und Sozialpolitik, Köln.

Ruckdäschel, Stephan (2000), Wettbewerb und Solidarität im Gesundheitswesen: Zur Vereinbarkeit von wettbewerblicher Steuerung und solidarischer Sicherung, Schriften zur Gesundheitsökonomie, Bd. 30, zugl. Diss. Univ. Bayreuth.

Sachverständigenrat für die Konzertierte Aktion im Gesundheitswesen (1994), Gesundheitsversorgung und Krankenversicherung 2000: Eigenverantwortung, Subsidiarität und Solidarität bei sich ändernden Rahmenbedingungen, Sachstandsbericht 1994, Baden-Baden.

Sachverständigenrat für die Konzertierte Aktion im Gesundheitswesen (1996), Gesundheitswesen in Deutschland: Kostenfaktor und Zukunftsbranche, Band 1: Demographie, Morbidität, Wirtschaftlichkeitsreserven und Beschäftigung, Sondergutachten 1996, Bonn.

Sauerland, Dirk (1999), Zur Notwendigkeit einer anreizorientierten Gesundheitspolitik, in: Zeitschrift für Wirtschaftspolitik, 48. Jg., S. 265-294.

Stillfried, Dominik von (1996), Gesundheitssysteme im Wandel: Das Dilemma zwischen Bedarfskonzept und Eigenverantwortung, zugl. Diss. Univ. Bayreuth.

Thielbeer, Markus (1999), Notwendigkeiten, Möglichkeiten und Grenzen einer Deregulierung in der privaten Krankenversicherung: Eine ordnungsökonomische Analyse, zugl. Diss. Univ. Bayreuth.

Ulrich, Volker (2000), Medizinisch-technischer Fortschritt, demographische Alterung und Wachstum der Gesundheitsausgaben: Was sind die treibenden Faktoren, in: Gesundheitsökonomie und Qualitätsmanagement, Bd. 5, S. 163-172.

Wissenschaftliche Arbeitsgruppe "Krankenversicherung" (1987), Vorschläge zur Strukturreform der Gesetzlichen Krankenversicherung, Bayreuth.

Alfred Schüller (Hg.), Orientierungen für ordnungspolitische Reformen
Studien zur Ordnungsökonomik · Nr. 29 · Stuttgart · 2003

Szenarien für eine neue europäische Verkehrspolitik[*]

Dieter Schmidtchen

Inhalt

1. Lage: Überlastung des Verkehrssystems 26
2. Ursachen: Verstoß gegen das Verursacherprinzip 27
3. Ziele: Bürgerfreundliche europäische Verkehrspolitik 28
4. Maßnahmen: Aktionsplan des Weißbuchs von 2001 29
5. Preise als verkehrspolitisches Ordnungsinstrument: Die neue
   Tarifierungspolitik 31
   5.1. Leitlinien 31
   5.2. Zielkonformität 33
   5.3. Kritik 34
      5.3.1. Keine Gesamtkostendeckung bei kurzfristigen Grenzkostenpreisen? 35
      5.3.2. Theoretische und umsetzungspolitische Mängel? 36
      5.3.3. Grenzkostenpreise als „politische Preise" 41
      5.3.4. Der Straßengüterverkehr – „cash cow" der Union? 41
      5.3.5. Kosten eines Mautsystems 43
   5.4. Erlöse von effizienten Preisen: ein allgemeines Gleichgewichtsmodell 43
   5.5. Fallstricke bei der Anlastung externer Kosten 44
6. Die Eisenbahn – das falsche Allheilmittel 48
   6.1. Vorschläge 48
   6.2. Bewertung 48

---

[*] Überarbeitete und erweiterte Fassung des am 11. Januar 2003 aus Anlaß des 80. Geburtstages von Prof. Dr. *Walter Hamm* in Marburg gehaltenen Vortrages. Ich danke meinen Mitarbeitern Dr. *Roland Kirstein*, Ass. iur. *André Knoerchen* LL.M. und Dipl.-Kauffrau *Birgit Will* für wertvolle Hinweise.

7. Funktionierender Nahverkehr 50
  7.1. Vorschläge 50
  7.2. Bewertung 50
8. Anmaßung von Wissen 52
Literatur: 53

1. Lage: Überlastung des Verkehrssystems

Auf 7.500 Kilometern des europäischen Straßennetzes, das sind 10 % des Netzes, stehen Verkehrsteilnehmer täglich im Stau. Mit der Ost-Erweiterung wird sich die Lage noch verschlimmern. Dann droht ein Verkehrskollaps auf den durch Deutschland und Österreich führenden Transitrouten. 16.000 Kilometer des Eisenbahnnetzes, also 20 % des Netzes, gelten als Engpässe. An 16 der größten Flughäfen der Europäischen Union kommt es bei mehr als 30 % der Flüge zu Verspätungen von über einer Viertelstunde. Diese Verspätungen haben zusammengenommen einen zusätzlichen Treibstoffverbrauch von 1,9 Mrd. Liter zur Folge, was rund 6 % des jährlichen Treibstoffverbrauchs im Flugverkehr ausmacht. Die externen Kosten der Überlastung, d. h. die Staukosten, im Straßenverkehr werden auf 0,5 % des BIP (Bruttoinlandsproduktes) der Gemeinschaft geschätzt. Wenn nichts gegen die Überlastung unternommen wird, dürften sie um 142 % (auf 80 Mrd. € im Jahr) ansteigen. Das ist rund 1 % des BIP der Gemeinschaft.[1] Wir alle wollen mehr Mobilität. Doch der Tribut, den die Europäer für die Mobilität zahlen, ist hoch (Weißbuch 2001, S. 75). So haben seit 1970 mehr als 1,64 Mio. Menschen auf der Straße ihr Leben gelassen. Allein im Jahr 2000 forderten Unfälle im Straßenverkehr mehr als 41.000 Menschenleben. Hinzu kommen mehr als 1,7 Mio. Verletzte. An jedem Tag entspricht die Gesamtzahl der Verkehrstoten auf Europas Straßen der beim Absturz eines Mittelstreckenflugzeugs. Ökonomen haben die Schäden in Geld bewertet: „Die unmittelbar meßbaren Kosten von Verkehrsunfällen belaufen sich auf 45 Mrd. €. Die indirekten Kosten (einschließlich der körperlichen und seelischen Schäden der Opfer und ihrer Angehörigen) liegen drei- bis viermal höher. Dementsprechend wird ein Betrag von 160 Mrd. € jährlich angesetzt, was 2 % des BIP der Europäischen Union entspricht" (Weißbuch 2001, S. 75 f.).

Man mag über die monetären Größenordnungen der Schäden streiten, aber über eines sind sich die Experten einig:

– Die Überlastung bestimmter Hauptverkehrsstraßen und -eisenbahnlinien, die Überlastung der Verkehrsinfrastruktur in Städten und Flughäfen führt – wie die Kommission formuliert – zu einem „Infarkt im Zentrum (Europas) und (zur) Lähmung an den Extremitäten" (Weißbuch 2001, S. 11).

---

[1] Alle genannten Zahlen sind dem Weißbuch der *Europäischen Kommission* (2001, S. 12) entnommen (im folgenden zitiert als „Weißbuch 2001").

– Die Belastungen für Umwelt und Gesundheit der Bürger sowie der Preis von jährlich 41.000 Verkehrstoten sind zu hoch.

Im folgenden soll geprüft werden, ob und inwieweit die von der Europäischen Kommission im Weißbuch 2001 entwickelte neue europäische Verkehrspolitik der dramatischen Lage Herr werden kann. In den nächsten drei Kapiteln werden die Ursachen, die Ziele und die vorgeschlagenen Maßnahmen beschrieben. Da im Maßnahmenkatalog die Tarifierung der Infrastrukturnutzung und die Revitalisierung der Eisenbahn die zentrale Rolle spielen, werden die Vor- und Nachteile dieser Vorschläge herausgearbeitet. Ein weiteres Kapitel ist den Vorschlägen für einen funktionierenden Nahverkehr gewidmet. Abschließend erfolgt eine Gesamtwürdigung des Aktionsplanes der Europäischen Kommission.

2. Ursachen: Verstoß gegen das Verursacherprinzip

Die Überlastung der Verkehrsinfrastruktur wie auch die Belastungen für Umwelt, Leben und Gesundheit sind nach Ansicht der Kommission eine Folge der unausgewogenen Verkehrsanteile (Weißbuch 2001, S. 11 ff.). Im Güterverkehr zeigt sich für das Jahr 1998 folgendes Bild (gemessen in Tonnenkilometer):

Anteil des Straßenverkehrs:	44 %
Kurzstreckenseeverkehr:	41 %
Schiene:	8 %
Binnenschiffahrt:	4 %

Die Dominanz der Straße ist im Personenverkehr (gemessen in Personenkilometern für das Jahr 1998) noch auffallender als beim Güterverkehr:

PKW:	79 %
Luftverkehr:	5 %
Bahn:	6 %

Diese Zahlen sind im wesentlichen das Resultat zweier Faktoren: Im Personenverkehr gab es den Boom des PKW.[2] Das Wachstum des Straßengüterverkehrs ist größtenteils auf Veränderungen der europäischen Wirtschaft und des Produktionssystems zurückzuführen.[3] Aller Voraussicht nach wird sich die Tendenz fortsetzen: Der Schwerlastverkehr alleine wird um 50 % gegenüber 1998 zunehmen (Weißbuch 2001, S. 13).

Worauf führt die Kommission das ungleiche Wachstum der Verkehrsträger – sie spricht häufig von „unausgewogenen Verkehrsträgeranteilen" – zurück? Auf eine kurze Formel gebracht: Das Verursacherprinzip ist außer Kraft gesetzt:

---

[2] Der Fahrzeugbestand hat sich in 30 Jahren verdreifacht (Weißbuch 2001, S. 13). Bis 2010 wird es wegen der Erweiterung der Europäischen Union erneut zu einer Vergrößerung des PKW-Bestandes kommen.

[3] Einführung eines „Just in Time"- und „Zero Stock"-Systems, Abwanderung von Branchen, um Produktionskosten zu senken (Weißbuch 2001, S. 13).

„Die chronische Überlastung ist teilweise darauf zurückzuführen, dass die Verkehrsbenutzer nicht immer und überall für die Kosten aufkommen, die sie verursachen. Im Allgemeinen berücksichtigt die Preisstruktur die Infrastruktur-, Überlastungs-, Umweltbelastungs- und Unfallkosten nicht in vollem Umfang. Ursache dafür ist u. a. das schlecht organisierte europäische Verkehrssystem und gleichzeitig die nicht optimale Nutzung der Verkehrsträger und neuer Technologien" (Weißbuch 2001, S. 12).[4]

Mit ihrem im September 2001 verabschiedeten Weißbuch „Die europäische Verkehrspolitik bis 2010: Weichenstellungen für die Zukunft" will die Europäische Kommission eine Wende herbeiführen. Lange Zeit war sie dazu nicht in der Lage. Zwar sah bereits der Römische Vertrag von 1958 eine gemeinsame Verkehrspolitik vor. Aber diese stand im Grunde nur auf dem Papier. Denn „der Ministerrat hat es fast 30 Jahre lang versäumt, die Vorschläge der Kommission in konkrete Maßnahmen umzusetzen. Erst nachdem der Gerichtshof 1985 die Untätigkeit des Rates festgestellt hatte, ließen die Mitgliedsstaaten zu, daß die Gemeinschaft Rechtsvorschriften erläßt" (Weißbuch 2001, S. 10).[5] Mit dem Vertrag von Maastricht 1992 wurden dann die politischen, institutionellen und finanziellen Grundlagen einer gemeinsamen Verkehrspolitik ausgebaut (Ersatz der Einstimmigkeit durch qualifizierte Mehrheit; Einbindung des europäischen Parlaments im Rahmen des Mitentscheidungsverfahrens). Daß die europäische Verkehrspolitik sich nicht mit „peanuts" beschäftigt, zeigen die folgenden Zahlen (Weißbuch 2001, S. 10): Der Verkehrssektor hat bei Einrechnung sämtlicher Aufwendungen ein Volumen von 1.000 Mrd. €, das sind über 10 % des BIP. Er stellt über 10 Millionen Arbeitsplätze.

3. Ziele: Bürgerfreundliche europäische Verkehrspolitik

Die Europäische Kommission hat sich das ehrgeizige Ziel gesetzt, die europäische Verkehrspolitik bis 2010 stärker auf die Nachfrage und den Bedarf der Bürger auszurichten. „Bürgerfreundliche europäische Verkehrspolitik" – das ist die Formel, mit der die Kommission im Weißbuch 2001 plakativ ein modernes Verkehrssystem umschreibt. Nach Ansicht der Kommission kann die Gemeinschaft die ständig wachsende Verkehrsnachfrage nicht allein durch den Bau neuer Infrastrukturen und die Öffnung der Märkte bewältigen:

„Die Erweiterung und die auf Dauer tragbare Entwicklung ..., zu denen es keine Alternative gibt, setzen eine Optimierung des Verkehrssystems voraus. Ein modernes Verkehrssystem muss sowohl unter wirtschaftlichen als auch sozialen und ökologischen Gesichtspunkten auf Dauer tragbar sein" (Weißbuch 2001, S. 10).

---

[4] Die Kommission argumentiert hier auf der Grundlage des naiven Verursacherprinzips, bei dem der Verursacher eines Schadens „technologisch" bestimmt wird. Dieses naive Verursacherprinzip ist seit Erscheinen des Artikels von Coase „Das Problem der sozialen Kosten" (Coase 1978 [1960]) wissenschaftlich überholt (siehe dazu im einzelnen Abschnitt 5.5.).

[5] Es handelt sich um das sogenannte Untätigkeitsurteil, das auf die Klage des Europäischen Parlaments zurückzuführen ist. Siehe EuGH 22. 5. 1985 – RS. 13/83 – Parlament ./. Rat, Sammlung der Rechtsprechung des Gerichtshofs 1985, 1513.

Dem Vorwort zum Weißbuch 2001 kann man fünf Kriterien eines modernen Verkehrssystems entnehmen:

- Effizienz im Sinne von Allokationseffizienz, qualitativer Effizienz und technischer Effizienz. Dem entspricht ein an den Bedürfnissen der Nachfrage hinsichtlich Art, Menge und Qualität ausgerichtetes Verkehrsangebot zu minimalen Kosten.
- Effizienz hinsichtlich Gesundheit der Menschen und Vermeidung von Verkehrsunfällen.
- Effizienz hinsichtlich Umweltnutzung durch Internalisierung externer Kosten.
- Erhaltung der Wettbewerbsfähigkeit der europäischen Wirtschaft.
- Befriedigung der Ansprüche, die durch die Erweiterung der EU und die Globalisierung erzeugt werden.

Zur Erfüllung dieses Kriterienkatalogs ist nach Ansicht der Kommission zweierlei notwendig: erstens die allmähliche Entkoppelung von Verkehrszunahme und Wirtschaftswachstum, zweitens die Herstellung „ausgewogener Verkehrsträgeranteile" durch einen besser kontrollierten Wettbewerb. Darunter wird ein Verfahren zur Umschichtung der Marktanteile zu Lasten des Straßenverkehrs und zugunsten von Eisenbahn, Kurzstreckenseeschiffahrt und Binnenschiffahrt verstanden:

„Es wäre utopisch zu glauben, dass ohne einen besser kontrollierten Wettbewerb zwischen den Verkehrsträgern ein weiteres Anwachsen des Ungleichgewichts vermieden werden könnte, wobei die Gefahr eines Quasi-Monopols für den Straßengüterverkehr in einer erweiterten europäischen Union besteht. Daher sollten der Anstieg des Straßen- und Luftverkehrs begrenzt und verstärkt die Bahn und andere umweltfreundlichen Verkehrsträger unterstützt werden, damit sie zu wettbewerbsfähigen Alternativen werden" (Weißbuch 2001, S. 25).

Das Weißbuch erhofft sich das Heil von einem sogenannten „integrierten Ansatz", bei dem die Tarifierung, die Revitalisierung anderer Verkehrsträger als der Straßenverkehr und gezielte Investitionen in das transeuropäische Netz miteinander verbunden werden. Wie die Kommission schreibt: „Dieser integrierte Ansatz ermöglicht eine Stabilisierung der Verkehrsträgeranteile auf ihrem Niveau von 1998, um bis 2010 zu einer ausgewogenen Verteilung zu gelangen" (Weißbuch 2001, S. 15). Zwischenziel ist also eine Zementierung von Marktanteilen; Endziel eine Marktanteilsverteilung, die zahlenmäßig nicht genauer bezeichnet wird.

4. Maßnahmen: Aktionsplan des Weißbuchs von 2001

Die Kommission entwickelt in dem Weißbuch einen Aktionsplan, der 60 Vorschläge für Maßnahmen enthält, die im Rahmen der Verkehrspolitik auf Gemeinschaftsebene ergriffen werden sollten. Dabei betont sie die Notwendigkeit einer über die europäische Verkehrspolitik hinausgehenden Gesamtstrategie, in der mit der Verkehrspolitik kohärente Maßnahmen in den Bereichen Haushaltspolitik, Industriepolitik, Stadtplanung und Raumordnungspolitik, Sozial- und Wettbewerbspolitik zu ergreifen sind.

Die Maßnahmen sind an den folgenden Leitlinien orientiert (Weißbuch 2001, S. 17 ff.):

- Wiederbelebung des Schienenverkehrs
- Verbesserung der Position der Transporteure im Straßenverkehr hinsichtlich Vertragsklauseln und Kontrolle sozial- und arbeitsrechtlicher Vorschriften („fairer Wettbewerb")
-· Förderung und Modernisierung der See- und Binnenschiffahrt
- Rationalisierung des Nahverkehrs
- Bewältigung des Luftverkehranstiegs
- Verwirklichung der Intermodalität (Aufbau von effizienten Transportketten)
- Ausbau des transeuropäischen Verkehrsnetzes zwecks Beseitigung von Engpässen
- Ausrichtung der Verkehrspolitik auf den Benutzer durch:
    - Erhöhung der Straßenverkehrssicherheit
    - Wirksame Tarifierungspolitik im Sinne von Kostenwahrheit für den Benutzer
    - Förderung der Infrastrukturinvestitionen bei Bahnen, Binnenwasserstraßen, Kurzstreckenseeschiffahrt und intermodalen Fazilitäten
    - Anerkennung der Rechte und Pflichten der Benutzer
- Forschung und Technologien im Dienste umweltfreundlicher und leistungsfähiger Verkehrsmittel
- Mittel- und langfristige Weiterentwicklung der Umweltziele für ein auf Dauer tragbares Verkehrssystem
- Bewältigung der Globalisierung
- Innovatives Finanzierungssystem: Finanzausgleich zwischen den Verkehrsträgern.

Die Kommission ist optimistisch:

„Dank der Umsetzung der 60 Maßnahmen des Weißbuches würde bis 2010 eine maßgebliche Entkoppelung zwischen der Verkehrszunahme und dem Wirtschaftswachstum erfolgen, ohne dass dafür eine Beschränkung der Mobilität von Personen und Gütern erforderlich wäre. Die Zunahme des Straßengüterverkehrs würde dank einer besseren Nutzung anderer Verkehrsträger erheblich geringer ausfallen (+ 38 % statt + 50 % zwischen 1998 und 2010). Diese Entkoppelung wäre beim Straßenpersonenverkehr noch größer (Verkehrsanstieg von 21 % verglichen mit einer Zunahme des BIP um 43 %)" (Weißbuch 2001, S. 16).

Zu den Zentralstücken des Weißbuchs 2001 zählen:

- die neue Tarifierungspolitik,
- die Revitalisierung der Eisenbahnen,
- die Rationalisierung des Nahverkehrs.

Mit ihnen beschäftigt sich dieser Beitrag im folgenden.

5. Preise als verkehrspolitisches Ordnungsinstrument: Die neue Tarifierungspolitik

5.1. Leitlinien

Das Finanzierungssystem für die Verkehrsinfrastruktur in Europa gleicht einem Flikkenteppich (siehe Weißbuch 2001, S. 85 ff.). Nicht nur werden Verkehrsträger von Land zu Land unterschiedlich behandelt; auch zwischen den Verkehrsträgern eines Landes selbst existieren große Unterschiede. Nur in wenigen Fällen werden Nutzungsentgelte an den Wegekosten, den Kosten der Umweltnutzung oder anderen externen Kosten, wie etwa Staukosten, orientiert.[6] Alle Beobachter sind sich einig, daß diese Situation zu erheblichen Wettbewerbsverzerrungen innerhalb und zwischen verschiedenen Verkehrsträgern führt, die die Effizienz und Nachhaltigkeit des europäischen Verkehrssystems unterminieren.

Die Vermeidung dieser Wettbewerbsverzerrung, d. h. Chancengleichheit oder fairer Wettbewerb, verlangt nach Ansicht der Kommission viererlei:

- Anlastung der Kosten nach „einheitlichen, verkehrsträgerunabhängigen Grundsätzen" (Weißbuch 2001, S. 82);[7]
- Umsetzung des Verursacherprinzips mit dem Ziel effizienten Nutzerverhaltens; Entgelte sollen die Höhe der verursachten Kosten, d. h. Infrastrukturkosten, Umwelt- und andere externe Kosten, widerspiegeln;
- Übergang vom Herkunftslandprinzip (Steuerfinanzierung) zum Territorial-prinzip (Nutzerfinanzierung: Straßenmaut, Trassenpreise; dabei soll ein Bezug auf die verursachten Kosten möglichst nahe an dem Ort hergestellt werden, wo die Kosten entstehen);
- Förderung einer effizienten Bereitstellung der Infrastruktur.

Die Kommission faßt die Prinzipien einer kostengerechten Preisstruktur wie folgt zusammen:

---

[6] „Der Verkehr gilt als hoch besteuert, aber er wird vor allem schlecht und ungleichmäßig besteuert. Die Benutzer werden unterschiedslos behandelt, unabhängig davon, in welchem Ausmaß sie die Infrastruktur beanspruchen, Staus verursachen oder zum Schadstoffausstoß beitragen. Diese ungünstige Verteilung der Lasten auf die Infrastrukturbetreiber, die Steuerzahler und die Benutzer ist Ursache der erheblichen Wettbewerbsverzerrungen zwischen Betreibern und Verkehrsträgern" (Weißbuch 2001, S. 82).

[7] „Eine solche Reform setzt eine Gleichbehandlung der Betreiber und Verkehrsträger voraus. Für Flughäfen, Häfen, Straßen, Schienenstrecken und Binnenschiffahrtswege hat zu gelten, dass sich der Preis für die Nutzung dieser Infrastrukturen nach denselben Grundsätzen je nach Kategorie der benutzten Infrastruktur, Tageszeit, Entfernung, Größe und Gewicht des Fahrzeugs und aller anderen Faktoren, die sich auf die Engpaßlage, die Abnutzung der Infrastruktur oder die Umweltbelastung auswirken, bestimmen muss" (Weißbuch 2001, S. 20). Die Infrastrukturtarifierung benutzt zwei Instrumente: die Kraftstoffbesteuerung zur Verminderung der CO_2 Emissionen, und „road pricing". Beim ersten Instrument lautet die Leitlinie Harmonisierung der Besteuerung gewerblich genutzter Kraftstoffe. Beim zweiten: verursachergerechte Anlastung der Wegekosten und der externen Kosten.

„Der Infrastrukturtarifierung liegt das Prinzip zugrunde, dass die Kosten für die Infrastrukturnutzung sowohl die Kosten der Infrastruktur ... als auch die externen Kosten, die mit Unfällen, Luftverschmutzung, Lärmbelastung und Staus verbunden sind, umfassen müssen. Dieser Grundsatz gilt für alle Verkehrsträger und alle Benutzerkategorien, für private Pkw gleichermaßen wie für Nutzfahrzeuge" (Weißbuch 2001, S. 82).

In ihrem Weißbuch von 1998 „Faire Preise für die Infrastrukturbenutzung" hat die Kommission den Kostenbegriff genauer spezifiziert: Mit Kosten sind die (kurzfristigen) marginalen volkswirtschaftlichen Kosten gemeint.[8] Faire (und effiziente Preise) signalisieren demgemäß dem Nutzer die Summe der durch ihn verursachten

- marginalen Kosten der Infrastruktur (Wegekosten),
- marginalen externen Staukosten,
- marginalen externen Umweltkosten,
- marginalen externen Kosten von Unfällen.

Wie die Preisbildung zu erfolgen hat, lautet in den Worten der Kommission wie folgt:

„Wird die Abgabenlast angehoben, indem Infrastrukturgebühren oder Kraftstoffsteuern erhöht werden, geht der Verkehr zurück, was auch zu einer Verringerung der externen Kosten und Infrastrukturkosten führt, bis ein **Gleichgewicht zwischen Kosten und Abgabenlast** erzielt wird. **Zentrales Anliegen einer wirksamen und gerechten Tarifierung muss es sein, dieses Gleichgewicht zu erreichen.** Dieses Gleichgewicht wird um so leichter erzielt, je mehr wirksame und faire Tarifierungssysteme im gesamten Verkehrsnetz angewendet werden" (Weißbuch 2001, S. 83 f.).[9]

Als Handreichung für diejenigen, die die Nutzungsentgelte zu berechnen haben, wollte die Kommission 2002 eine Rahmenrichtlinie vorschlagen, „mit der für alle Verkehrsträger die Grundsätze der Tarifierung der Infrastrukturnutzung sowie die Gebührenstruktur festgelegt werden" (Weißbuch 2001, S. 86 f.). Nach Ansicht der Kommission soll diese Rahmenrichtlinie zunächst im Straßenverkehr gelten, aber dann schrittwei-

---

[8] Die Kommission liefert folgende praktische Definition der sozialen Grenzkosten: „Als Grenzkosten werden die variablen Kosten bezeichnet, die ein zusätzliches Fahrzeug oder eine Beförderungseinheit durch die Nutzung der Infrastruktur verursacht. Diese Kosten können strenggenommen jederzeit, bei unterschiedlichen Verkehrsnutzern, unter verschiedenen Bedingungen und an unterschiedlichen Orten variieren. Auch können die Grenzkosten für den zusätzlichen Waggon auf der Schiene, das letzte zusätzliche Auto auf der Straße bzw. Schiff auf See gegen Null gehen. Eine derart strikte Definition ist natürlich für die Praxis von geringem Wert, und wie in anderen Gebührenregelungen in der Wirtschaft sind Mittelwertbildungen und Näherungsrechnungen zur Entwicklung einer verständlichen und praktikablen Gebührenstruktur notwendig. Grenzkostenorientierte Entgelte können mitunter lediglich die durchschnittlichen variablen Kosten widerspiegeln. Sinnvoller ist allerdings, wenn sie die Kosten von Infrastrukturschäden und -überlastung sowie Umweltschädigung reflektieren und demzufolge solchen Faktoren wie Gewicht, Achsenzahl, Verkehrszeit, Ort und Emissionen Rechnung tragen" (*Europäische Kommission* 1998, S. 15). In der Abgrenzung des Weißbuchs reflektieren die Grenzkosten Betriebskosten, Kosten des Infrastrukturverschleißes, Kosten der Überlastung und Knappheit, Kosten der Umweltnutzung und Unfallkosten.

[9] Mit „Gleichgewicht" ist in diesem Zusammenhang offensichtlich nicht der Gleichgewichtsbegriff der Mikroökonomik gemeint.

se auch auf andere Verkehrsträger Anwendung finden (Weißbuch 2001, S. 87). Im Bereich des Straßenverkehrs soll die Einführung von Straßenbenutzungsgebühren schrittweise und abgestimmt auf die Verringerung anderer Abgaben für diesen Bereich, etwa der Fahrzeugsteuer, erfolgen, um „die Auswirkungen auf den Verkehrssektor zu minimieren" (Weißbuch 2001, S. 87). Die Rahmenrichtlinie wurde bisher noch nicht vorgelegt.

5.2. Zielkonformität

Bei dem Weißbuch handelt es sich ohne Zweifel um ein umfassendes und ehrgeiziges Aktionsprogramm, dessen Veröffentlichung unbeschadet vorhandener Schwachpunkte zu begrüßen ist. Die Kommission behauptet, bei einer Anlastung der sozialen Grenzkosten entstünden „für die Nutzer Anreize, ihr Verhalten so zu ändern, daß die gesellschaftlichen Gesamtkosten gesenkt werden, gleichzeitig der individuelle Nutzen gesteigert und so das wirtschaftliche und soziale Gemeinwohl maximiert wird" (Weißbuch 2001, S. 8); auch würden „Anreize zur Verbesserung der Verkehrssicherheit (ge)geben", die externen Umweltkosten gesenkt, eine „abgestimmte Flächennutzungsplanung auf verschiedenen politischen Ebenen erleichter(t)" und „eine wichtige Voraussetzung für eine effiziente Infrastrukturpolitik" (Weißbuch 2001, S. 9 f.) geschaffen.

Die Vorschläge der Kommission für eine neue Tarifierung bedeuten nicht nur einen radikalen Wechsel in der Verkehrspolitik aller Mitgliedsländer, sondern sie sind in der Tat zugleich ein Beitrag zur Effizienz im Verkehrssystem. Denn anerkannte Prinzipien der Ökonomie besagen, daß Preise für die Infrastrukturnutzung, die die volkswirtschaftlichen marginalen Kosten reflektieren, eine optimale Allokation der Ressourcen und eine Maximierung der Wohlfahrt einer Gesellschaft gewährleisten.[10] Was aber vielleicht noch wichtiger ist: Verglichen mit dem heutigen uneinheitlichen und willkürlichen Abgaben- und Steuersystem verwirklicht eine universell angewandte Grenzkosten-Preisbildungsregel ein wichtiges Element der Objektivität und Fairness. Preise werden als verkehrspolitisches Ordnungsinstrument eingesetzt.[11] In einer Studie zu den Erlöswirkungen der Anwendung der Grenzkostenpreisregel wird dieser Aspekt wie folgt umschrieben:

> „But perhaps the most important change that fair and efficient pricing would introduce is that the impact on the various subsystems could be understood as the determinate outcome of a rule-bound process – the rule being to impose on each user the price that maximizes the benefit to society as a whole. This element of objectivity ought to make the new pricing regime and the resulting revenues rather more sustainable than the deliberate and seemingly arbitrary taxes of today" (*Roy* 2000, S. 5).

---

[10] Zum Sinn der Grenzkostenpreisregel sowie zur Funktionsweise dieser Regel als Preisbildungs- und Investitionsrichtlinie siehe *Schmidtchen* (1987, S. 226 ff.).

[11] Im Jahre 1964 erschien ein Buch von *Walter Hamm* mit dem Titel „Preise als verkehrspolitisches Ordnungsinstrument". Im Mittelpunkt dieser Arbeit stand die Frage, welche Wirkungen die Abschaffung verbindlicher staatlicher Festpreisvorschriften und die Einführung frei beweglicher Marktpreise für Transportleistungen hätte. Mit der Einführung von „road pricing" ist die Eingliederung des Verkehrssektors in die marktwirtschaftliche Ordnung vollendet.

Allerdings zeigen sich erste Auflösungserscheinungen der Grenzkostenpreis-Konzeption in der EU. Zwar hatte die Kommission im Anschluß an das Grünbuch von 1995 „Faire und effiziente Preise" (*Europäische Kommission* 1995), in dem bereits eine stärker auf die sozialen Grenzkosten ausgerichtete Abgabenpolitik vorgeschlagen wurde (siehe dazu *Schmidtchen* und *Leder* 1998), und in Übereinstimmung mit dem im Weißbuch 1998 ausformulierten Konzept sozialer Grenzkostenpreise (*Europäische Kommission* 1998) einen am Grenzkostenpreis orientierten Richtlinienentwurf zur Gebührenermittlung für schwere LKW auf Autobahnen und ähnlich ausgebauten Straßen vorgelegt; doch Ministerrat und Europäisches Parlament lehnten diesen unter dem Druck der Verbände ab.[12] Die im Jahre 1999 verabschiedete EU-Richtline 1999/62/EG (sogenannte Wegekostenrichtlinie), die den Rahmen für die Einführung strecken-bezogener Straßenbenutzungsgebühren für LKW mit mehr als 12 t festlegt, kehrt nach Ansicht von Beobachtern zum Vollkostenprinzip zurück.[13] Dies gilt allerdings nur für den Teil einer Straßenbenutzungsabgabe, der die Wegekosten reflektiert, denn die Kommission erlaubt ausdrücklich lenkungsbezogene Differenzierungen nach Streckenauslastung und Umweltstandards der Fahrzeuge. Insofern besteht partiell ein Widerspruch zwischen geltendem Gemeinschaftsrecht in Form der Wegekostenrichtlinie (1999/62/EG) und den politischen Leitvorstellungen der Kommission, wie sie im Weißbuch 1998 niedergelegt wurden. Im Gegensatz zum Weißbuch 1998 findet sich zwar in dem von 2001 keine Forderung nach einer Bepreisung auf der Grundlage sozialer Grenzkosten – aber es wird auch nicht von diesem Prinzip abgerückt. Aus diesem Grunde wird im folgenden die neue Tarifierungspolitik im Sinne von Kostenwahrheit auf der Grundlage der im Weißbuch von 1998 entwickelten Vorstellungen geprüft.

5.3. Kritik

Die Vorschläge der Kommission, Preise für die Infrastrukturnutzung an den (kurzfristigen) volkswirtschaftlichen marginalen Kosten auszurichten, sind auf Kritik gestoßen. Der *Wissenschaftliche Beirat* beim Bundesminister für Verkehr-, Bau- und Wohnungswesen (1999, S. 436) lehnt die Vorschläge des Weißbuchs 1998 wegen ihrer theoretischen und umsetzungspolitischen Mängel weitestgehend ab. Kritisiert wird auch, daß Preise in Höhe der kurzfristigen Grenzkosten der Infrastrukturnutzung (hier sind nur die Wegekosten gemeint) zwar eine optimale Nutzung einer gegebenen Infrastruktur sicherstellen, aber keine Gesamtkostendeckung gewährleisten. Lediglich die variablen, nicht aber die Fixkosten (Kapitalkosten) würden gedeckt: „Bei Preiserhebung zu Grenzkosten folgt damit eine Finanzierungslücke" (*Wissenschaftlicher Beirat* 1999, S. 440).

---

[12] Siehe *Prognos* und *Institut für Wirtschaftspolitik und Wirtschaftsforschung* Universität Karlsruhe (2002, S. 8).

[13] Vollkostenrechnungen dienen dazu, den gesamten Ressourcenverzehr durch die Bereitstellung der Infrastruktur (Bau, Betrieb, Erhaltung) auszuweisen und auf die Nutzer so zu verteilen, daß die Gesamterlöse die Gesamtkosten decken.

5.3.1. Keine Gesamtkostendeckung bei kurzfristigen Grenzkostenpreisen?

Das Argument, daß kurzfristige Grenzkostenpreise keine Gesamtkostendeckung garantieren, ist in dieser Allgemeinheit verfehlt. Entscheidend ist, ob wir es mit konstanten Skalenerträgen oder steigenden Skalenerträgen zu tun haben.[14]

Bei konstanten Skalenerträgen garantieren Nutzungsentgelte in Höhe der kurzfristigen Grenzkosten im langfristigen Gleichgewicht, d. h. bei optimaler Kapazität, Gesamtkostendeckung. Kurzfristig kann es sogar zu einer Kostenüberdeckung kommen. Überschüsse entstehen, wenn die Kapazitäten volkswirtschaftlich gesehen zu klein sind.

Anders stehen die Dinge bei zunehmenden Skalenerträgen, die man realistischerweise im Verkehrsnetz unterstellen sollte. Hier ist bekannt, daß es im langfristigen Gleichgewicht bei Grenzkostenpreisen zu einer Gesamtkostenunterdeckung kommt. Gesamtkostendeckung bei Preisen in Höhe der marginalen Infrastrukturkosten ist deshalb nicht zu haben, weil die Kapitalkosten keinen Bestandteil der kurzfristigen Grenzkosten der Infrastrukturnutzung darstellen und insofern in die Preise nicht eingerechnet werden. Die fixen Kosten, typischerweise Kapitalkosten, können nicht gedeckt werden.[15] An kurzfristigen Grenzkosten orientierte Preise können jedoch auch hier bei zu kleinen Kapazitäten eine Kostendeckung gewährleisten. In diesem Zusammenhang argumentiert die *Europäische Kommission* (1998, S. 60) – meines Erachtens in nicht überzeugender Weise – folgendermaßen: Es gäbe Netzteile mit konstanten Skalenerträgen (Großteil der Straßenverkehrsinfrastruktur, größere Flughäfen und Luftverkehrsdienste) und solche mit steigenden Skalenerträgen (Eisenbahninfrastruktur, Binnenschiffahrt). Bei ersteren würde es zu Kostenüberdeckungen kommen, die zur Querfinanzierung der Kostenunterdeckungen bei letzteren benutzt werden könnten.[16] Das aber impliziert eine nicht effiziente, zu kleine Kapazität in den Bereichen mit konstanten Skalenerträgen. Im übrigen

---

[14] Man spricht von Konstanz der Skalenerträge, wenn die langfristigen Stückkosten einer Leistungserbringung konstant sind; dies impliziert, daß die langfristigen Grenzkosten den langfristigen Stückkosten entsprechen. Steigende Skalenerträge implizieren fallende langfristige Durchschnittskosten und langfristige Grenzkosten, die unterhalb der langfristigen Durchschnittskosten liegen.

[15] Allerdings entspricht die Argumentation mit dem Konzept der Skalenerträge nicht mehr dem „state of the art". Entscheidend ist die Subadditivität der Kostenfunktion. Steigende Skalenerträge sind hinreichend, aber nicht notwendig dafür. Wenn sie vorliegen, dann haben wir Gesamtkostenunterdeckung. Aber die Subadditivitätsbedingung kann auch bei steigenden Grenz- und Durchschnittskosten erfüllt sein. Dann ist Gesamtkostendeckung bei Grenzkostenpreisen im langfristigen Gleichgewicht möglich. Letzterer Fall ist weder von der Kommission noch von den Kritikern der Kommission bemerkt worden.

[16] „Insgesamt steht fest, daß die Anlastung der Infrastrukturgrenzkosten (einschließlich einer Überlastungs-/Knappheitskomponente, aber ohne externe Kosten) nicht immer zur Kostendeckung aller Teilstücke des betreffenden Netzwerkes führt, doch würden Defizite bei einigen Teilstücken im allgemeinen durch Überschüsse bei anderen aufgewigt(!) werden" (*Europäische Kommission* 1998, S. 61). Siehe auch S. 13: „Zusammen mit den von den Mitgliedstaaten direkt an die Infrastrukturbetreiber (zum Ausgleich allgemeiner Vorteile für Nicht-Nutzer) gezahlten Subventionen wird die Anlastung der Infrastrukturgrenzkosten (d. h. einschließlich Überlastungsentgelt, aber ohne andere externe Kosten) zu einer hohen, möglicherweise vollständigen Deckung der gesamten Verkehrsinfrastrukturkosten führen."

schlägt die Kommission vor, die Preise in Höhe der volkswirtschaftlichen Grenzkosten zu setzen. Die Kapitalkostenfinanzierung kann dann aus den Entgeltbestandteilen sichergestellt werden, die die Grenzkosten der Überlastung sowie die externen Grenzkosten der Umweltnutzung und der Unfallfolgen widerspiegeln. In Ausnahmefällen, wo auch dies zur Kapitalkostendeckung nicht ausreicht, sollten nach Ansicht der Kommission Aufschläge auf die volkswirtschaftlichen Grenzkosten vorgenommen werden, die umgekehrt proportional zur Preiselastizität der Nachfrage sind – sogenannte Regel der inversen Elastizitäten (siehe dazu *Schmidtchen* 1987, S. 266 ff.). Dies soll allerdings nur solange zulässig sein, bis die Kapitalkosten amortisiert sind.

5.3.2. Theoretische und umsetzungspolitische Mängel?

Der *Wissenschaftliche Beirat* (1999, S. 438) konzediert, daß eine Preisbildung zu sozialen Grenzkosten effizient ist, aber er fügt hinzu: „Diese schon alte (auf Pigou (1920) zurückzuführende und für akademische Zwecke periodisch aufgefrischte) Erkenntnis ist an wesentliche Prämissen geknüpft." Er listet die wesentlichen Prämissen auf und zeigt dann, daß in der realen Welt das „Annahmesystem der klassischen Wohlfahrtstheorie bei weitem nicht erfüllt" ist, mit der „schwerwiegenden Konsequenz, daß die im Idealmodell so attraktive Eigenschaft der Effizienz nicht mehr erfüllt ist" (S. 440).[17] Sein Fazit:

„Mit dem Vorschlag eines Systems der sozialen Grenzkostenpreise für alle Verkehrsträger, Regionen und Verkehrsorganisationen begibt sich die Kommission in das Dilemma, entweder ein weltfremdes, für didaktische Zwecke geschaffenes Konstrukt zur Realität zu erklären oder aber vielfältige Ausnahmeregelungen zu schaffen, die im Widerspruch zu den erklärten Grundsätzen stehen" (S. 441).

Es gibt nur wenige Beiträge in der Literatur, die sich so gründlich mit den Vorschlägen der Europäischen Kommission zum „road pricing" beschäftigen wie das Gutachten des *Wissenschaftlichen Beirates* (1999). Es greift auf die moderne einschlägige ökonomische Theorie zurück und enthält viele zustimmungsfähige Aussagen. Das gilt insbesondere für die Behandlung von Staukosten, die nicht unwesentlich vom PKW-Verkehr mitverursacht werden.

Allerdings enthält es auch Beurteilungen, über die man streiten kann. Die Grenzkostenpreisregel kommt zu schlecht weg, und der Beirat hat die Intention der Kommission, Kostenwahrheit für die Nutzer herzustellen, nicht hinreichend gewürdigt.

Nicht zutreffend ist die Ansicht des Beirats, daß Grenzkostenpreise ein zentralistisches Konzept des Wohlfahrtstaates seien (S. 440). Die Kommission versteht darunter eine universell anzuwendende Preisbildungsregel, die bei dezentraler Nutzung (Subsidiaritätsprinzip!) des örtlich/zeitlich spezifischen Wissens zu Infrastrukturentgelten führt.

Grenzkostenpreise maximieren die Wohlfahrt, wenn auf den übrigen Märkten die Preise gleichfalls nach den sozialen Grenzkosten gebildet werden (so richtig der Beirat

---

[17] Diese und die folgenden Seitenangaben beziehen sich auf das Gutachten des *Wissenschaftlichen Beirates* (1999).

unter Bezug auf die Theorie des „second best", S. 440). Das ist typischerweise nicht der Fall. Aber dies hat die *Europäische Kommission* (1998, S. 51) durchaus gesehen: „anderswo bestehende unvollkommene Märkte (könnten) die Einführung eines angepaßten Grenzkostensystems verlangen" (zu weiteren Einschränkungen, ebenda). Damit wird auch ein weiterer Einwand des Beirats hinfällig: „Im Mittelpunkt neuerer Theorierichtungen stehen nicht die Grenzkosten als solche, sondern die Abweichungen von den Grenzkosten, die durch Bedingungen der Realität erzeugt werden. Von diesem Fortschritt in der ökonomischen Theorie wird im Weißbuch abstrahiert" (*Wissenschaftlicher Beirat* 1999, S. 440.) Preise, die gemäß der Regel der inversen Elastizitäten gebildet werden, tragen erforderlichen Abweichungen von den Grenzkosten Rechnung.

Grenzkostenpreise können nach Ansicht des Beirats auch negative Auswirkungen hervorrufen (S. 440). Sie machen heftige Sprünge in Abhängigkeit von der Investitionstätigkeit:

„Dies führt zu dem Paradox, daß Verkehrsnutzer in Regionen vor dem Ausbau hohe Preise für schlechte Infrastrukturqualität zu zahlen haben, während sie nach dem Ausbau für gute Infrastrukturausstattung niedrige Preise bezahlen und damit kaum zur Finanzierung der von ihnen in Anspruch genommenen staatlichen Leistungen beitragen."

Aus Sicht der Grenzkostenpreisregel besteht durchaus kein Paradox. Aber möglicherweise ergeben sich aus politisch-ökonomischer Sicht Akzeptanzprobleme.

Außerhalb von Verdichtungsräumen – so der Beirat (S. 440) – und für nicht voll ausgelastete Kapazitäten werden zu geringe Gebühreneinnahmen entstehen, um die Infrastrukturkosten zu decken: „Dann werden entweder problematische Quersubventionen (von städtischen zu ländlichen Räumen; von der Straße zur Schiene) erforderlich, oder der Steuerzahler hat die Lasten zu tragen." Wenn dies für „nicht an der Kapazitätsgrenze belastete" Verkehrsmittel dauerhaft der Fall sein sollte, dann könnte dies ein Indikator dafür sein, daß die Kapazitäten zu groß sind.

Ein weiterer Kritikpunkt trifft nicht die Grenzkostenpreisregel als solche, sondern einen politisch-ökonomischen Schwachpunkt bei deren Umsetzung: „Das System vermittelt keinen Anreiz, das Infrastrukturangebot effizient zu managen, denn mit jedem abgebauten Engpaß entfällt eine wichtige Finanzquelle" (S. 440). Dieser zutreffende Kritikpunkt wird später aufgegriffen werden.

Der Beirat betont mit Recht, daß Verkehrspreise auch die Flächennutzung, d. h. die Wahl der Wohn-, Handels- und Produktionsstandorte beeinflussen (S. 440). Unerwünschte Ergebnisse bezüglich Raumordnung und Umweltschutz könnten die Folge sein. Hat man dann aber die Kosten richtig berechnet? Außerdem erzeugen auch die heutigen Finanzierungsmethoden unerwünschte Ergebnisse, so daß es letztlich auf einen Vergleich mit dem status quo ankommt. Im übrigen sieht die Kommission durchaus, daß die Einführung von Grenzkostenpreisen von wirtschaftspolitischen Maßnahmen flankiert werden muß.

Nirgendwo finden wir in der Realität die Annahmen unserer Modelle 1:1 verwirklicht. Gleichwohl verwerfen wir sie nicht und verzichten auf aus ihnen abgeleitete wirtschaftspolitische Vorschläge. So ist eine Kritik etwa an der Modellannahme, „daß die

Infrastrukturkapazität beliebig teilbar ist und ... in kleinen Schritten angepaßt werden" (S. 440) kann, letztlich nicht überzeugend.

Allerdings sollte man die Kosten der Implementation eines kostenwahren Preissystems mit in Rechnung stellen (Transaktionskosten):

– Sind die erforderlichen Informationen zu beschaffen?
– Ist das Konzept operational?
– Inwieweit erlaubt es opportunistisches Verhalten seitens der Politiker?

Theoretisch weniger schöne Systeme können unter Transaktionskostengesichtspunkten gleichwohl bessere Ergebnisse als ihre Konkurrenten erzeugen, wenn sie besser implementierbar sind („second best"-Argument). Der Beirat kritisiert an der Grenzkostenpreisregel deren hohen Informationsbedarf:

„Es führt, wie jedes Konzept zentraler Verrechnungspreise, zu einem außerordentlich hohen Informationsbedarf, denn die Ermittlung ‚effizienter' Preise setzt voraus, daß die Optimalsituation bekannt ist" (S. 440).

Im Grundsatz ist dem Beirat zuzustimmen. Seine Bedenken verlieren aber an Gewicht, weil die Anwendung der Grenzkostenpreisregel nicht zentral, sondern gemäß dem Subsidiaritätsprinzip dezentral erfolgen soll.[18] Der Beirat kritisiert mit Recht die Partialanalyse (S. 440), aber die von ihm dagegengestellten Alternativen (S. 445 f.) und die von ihm favorisierten „komplexen und datenaufwendigen Optimierungsansätze" (S. 441) dürften nicht leichter zu implementieren sein als die Grenzkostenpreisregel.[19]

Ein aus theoretischen oder praktischen Gründen als unvollkommen erscheinendes Preisbildungskonzept für Infrastrukturnutzungen wie das der sozialen Grenzkostenpreise sollte am Status quo gemessen werden. Und da scheint das Urteil eindeutig: Selbst wenn die sozialen Grenzkostenpreise nicht das Ideal darstellen sollten, so führen sie doch zu einer erheblichen Verbesserung im Vergleich zum Flickenteppich des Status quo. In der Wirtschaftspolitik – das hat uns die Neue Institutionenökonomik gelehrt – geht es immer nur um den Vergleich unvollkommener Institutionen („comparative institution approach").

Der Kritik des Beirats am Weißbuch der *Europäischen Kommission* (1998) ist allerdings in drei Punkten zuzustimmen:

---

[18] Im übrigen kann man die durchschnittlichen variablen Kosten als Näherungsgröße verwenden.

[19] „Anstelle eines einheitlichen und zentral gesteuerten Preissystems schlägt der Beirat vielmehr eine Kombination von verschiedenen Preisbildungsverfahren vor, welche dem Effizienzkriterium wesentlich mehr entsprechen als das Prinzip der sozialen Grenzkosten" (S. 436). Der Beirat lehnt ein Verkehrsmanagement mit gestaffelten Preisen nicht ab. Er plädiert für einen EU-einheitlich angelegten institutionellen Rahmen: „Zweckbindung der Einnahmen aus Verkehrsgebühren, Orientierung der Gesamteinnahmen an Kostendeckungszielen, Ober- bzw. Untergrenzen für Verkehrspreise, standardisierte Techniken zu ihrer Erhebung und Organisation des Verkehrsmanagements ... Die Preisbildung als solche ist aber an territorialen und sektoralen Gegebenheiten auszurichten, um die Anreizwirkungen für die Angebots- und Nachfrageseite marktkonform gestalten zu können" (S. 442).

1. Kapitalkostendeckung kann man auch auf andere Weise sicherstellen als durch Einrechnung externer Kosten in die Entgelte für die Infrastrukturnutzung. Als Alternativen seien genannt: Ramsey-Preise, zweiteiliger Tarif (wie etwa bei Telekommunikation und Stromversorgung), Preisdifferenzierung, Subventionierung aus Steuermitteln. Aber auch diese Preisbildungssysteme haben Nachteile.[20] In der Praxis müssen wir auch hier dem Imperativ der Neuen Institutionenökonomik folgen.

2. Die moderne Theorie der Wirtschaftspolitik hat herausgearbeitet, daß man zur Realisierung von unabhängigen Zielen mindestens so viele Instrumente benötigt, wie es Ziele gibt. Die Kommission will aber mehrere Ziele (Wegekostenanlastung [nach Verursacherprinzip], Umweltschutz, Stauvermeidung, Unfallvermeidung) mit einem einzigen Instrument, dem volkswirtschaftlichen Grenzkostenpreis, „erschlagen". Der Beirat kritisiert dieses Vorgehen und plädiert für eine Trennung der Umwelt- und Unfallabgaben von den Infrastrukturbenutzungsgebühren (S. 442). Wenn allerdings alle Typen von marginalen Kosten als Funktion der Nutzungseinheiten der Verkehrsinfrastruktur abgebildet werden können, dann ist eine Addition der marginalen Kosten zulässig und mehrere Ziele können dann mit einem einzigen Instrument – dem volkswirtschaftlichen Grenzkostenpreis – verwirklicht werden. Ob dies der Fall ist, wäre zu prüfen.[21]

3. Das Finanzierungskonzept der Kommission enthält keine Zweckbindung der Einnahmen. Vom Straßenverkehr aufgebrachte Mittel können danach in die Eisenbahn oder die Binnen- oder die Kurzstreckenseefahrt investiert werden. Dieses Fehlen der Zweckbindung ist kritisiert worden. Der Beirat spricht von Quersubventionierung und empfiehlt eine Zweckbindung der Einnahmen und eine Orientierung der Gesamteinnahmen an Kostendeckungszielen (S. 442). Dieser Empfehlung ist zuzustimmen, aber möglicherweise aus anderen Gründen als jenen des Beirats.

Die Kommission betrachtet richtigerweise die Netze der einzelnen Verkehrsträger nicht als separate Netze, sondern als Bestandteile eines umfassenden Netzes, in dem Netzwerkexternalitäten auftreten können. Hier kann Kosteneffizienz ein abgestimmtes Preisverhalten im Rahmen einer Koalition der Subnetzanbieter (oder ein zentrales Preismanagement) erforderlich machen (siehe *Rothengatter* 1994). Fiskalische Äquivalenz wäre dann im Hinblick auf das gesamte Netz und nicht auf Subnetze zu definieren. Unter diesem Gesichtspunkt kann es sinnvoll sein, auf eine Zweckbindung der aufgebrachten Mittel zu verzichten. Um ein Beispiel zu bringen: Es ist theoretisch denkbar, daß eine Investition von Straßenbenutzungsentgelten in das Schienennetz den Nutzern der Straße einen größeren Nutzen liefert, als wenn man die Mittel in die Straße reinvestiert. Das ist z. B. dann der Fall, wenn die durch Verkehrsumschichtung vermiedenen Staukosten auf der Straße größer sind als jene, die man durch eine Reinvestition in

---

[20] Zu einer knappen Darstellung der Vor- und Nachteile siehe *Europäische Kommission* (1998, Annex I) sowie *Schmidtchen* (1987, S. 263 ff.); *Wissenschaftlicher Beirat* (1999, S. 443 ff.).

[21] Berücksichtigt man die Kosten der Informationsbeschaffung, dann kann es in der Tat „second best" optimal sein, z. B. die Kosten von CO_2-Emissionen über die Mineralölsteuer zu erfassen.

das Straßennetz erzielen könnte. Über die praktische Relevanz dieses Beispiels mag man streiten.[22]

Gleichwohl hat man ein ungutes Gefühl, wenn man an die Querfinanzierung denkt (Finanzausgleich). Dem Beirat ist voll zuzustimmen, wenn er darauf verweist, daß die Anreize gemindert werden könnten,

„den Ausbau der Infrastrukturkapazität nach wirtschaftlichen Kriterien zu gestalten und dabei privatwirtschaftliche Be-teiligungen einzubringen. Die Aussicht auf staatliche Defizitdeckung verleitet zu überzogenen Ausbauforderungen, da sich der durch Ausbaumaßnahmen begünstigte Bereich nicht angemessen an der Finanzierung beteiligen muß. Er hat den Vorteil geringerer Grenzkosten des Staus und kann die damit verbundenen Lasten auf andere, nicht begünstigte Bereiche verlagern (,systembedingtes Trittbrettfahren')" (S. 440).

Die Zweckbindung besitzt eine große Ähnlichkeit mit dem aus der Finanzwissenschaft bekannten Äquivalenzprinzip.[23] Dieses fordert die Gleichheit von Leistung und Gegenleistung. Die Nutzerpreise sollten dem Nutzen aus der Infrastrukturnutzung entsprechen. Die Querfinanzierung ähnelt dem Prinzip der Finanzierung (Besteuerung) nach der Leistungsfähigkeit. Bei einer Zweckbindung werden Abgaben zu Preisen, die Angebot und Nachfrage koordinieren. Sie stärkt die Transparenz über die Verwendung der Ausgaben. Auch hier sollten wir die Lehren der Theorie „second best" beherzigen: In einer idealen Welt, in der Politiker ihre Entscheidungen an der Effizienz ausrichten, mag ein Finanzausgleich zwischen Verkehrsträgern (Querfinanzierung) wünschenswert

---

[22] Nicht streiten kann man aber darüber, daß eine solche Umschichtung der Mittel durchaus *keine* Quersubventionierung sein muß. Sie kann es sein, muß es aber nicht. Es gibt bekanntlich zwei äquivalente Tests auf Quersubventionierung (*Faulhaber*): der „stand-alone cost"-Test und der „incremental cost"-Test. Wenn und insofern ein Verkehrsträger Einnahmen erzielt, die nicht kleiner sind als seine „incremental costs", liegt keine Quersubventionierung vor. Wenn und insofern ein Verkehrsträger nicht mehr zahlt als seine „stand-alone costs", subventioniert er nicht andere Verkehrsträger.
Im Grunde haben wir es mit einem Fall der Gemeinkostenrechnung zu tun. Danach kommt es auf die Deckung der Einzelkosten an. Was darüber hinausgeht, ist ein Kostendeckungsbeitrag zu den Gemeinkosten. Den Einzelkosten dort entsprechen hier die „incremental costs". Im Jahre 1973 haben *Walter Hamm* und *Wolfgang Neumann* ein Buch mit dem Titel „Binnenwasserstraßenpolitik" veröffentlicht. Dort kritisieren sie mit überzeugenden Argumenten die Vollkostenrechnung. Ausgangspunkt aller preispolitischen Überlegungen über die Höhe der Wegebenutzungsentgelte sollten die variablen Einzelkosten der Nutzung von Verkehrsinfrastrukturen bilden. „Der Markt, und nicht die einem Wegebenutzer ,zuzurechnenden' nach traditionellen Methoden ermittelten Gesamtkosten, muß über die Höhe der Wegebenutzungsentgelte entscheiden, wenn Wettbewerbsverzerrungen auf dem Gebiet der Preise für Wegebenutzungen verhindert werden sollen. Kostenpreise führten zu vermeidbaren volkswirtschaftlichen Kapitalverlusten und zur Verschwendung knapper Produktivkräfte. Nur ein kleiner Teil der gesamten Wegekosten kann direkt auf einzelne Wegebenutzer aufgeteilt werden. Der große Block der Gemeinkosten muß entsprechend der Preiselastizität der Nachfrage – also auf Grund von Markterwägungen, und nicht nach irgendwelchen Wunschvorstellungen über die Kostenzurechnung – soweit wie möglich auf die verschiedenen Wegebenutzer verteilt werden" (*Hamm* und *Neumann* 1973, S. 170).

[23] Siehe dazu *Hansjürgens* (1997), der dieses Prinzip auch unter Gesichtspunkten der Neuen Politischen Ökonomie diskutiert.

sein, aber wir leben nicht in dieser Welt. Einfache Regeln, wie die eines Zwangs zur Reinvestition von Mitteln in den Verkehrsträger, der sie aufgebracht hat, können dann die Wohlfahrt (im „second best"-Sinne) maximieren.

5.3.3. Grenzkostenpreise als „politische Preise"

Wohlbegründete Prinzipien der Ökonomie erinnern uns daran, daß wir eine Maximierung der Wohlfahrt der Gesellschaft von Grenzkostenpreisen nur dann erwarten können, wenn sie universell eingeführt sind. Selbst wenn man nur den Verkehrssektor betrachtet, wird man Zweifel anmelden müssen, denn die Aufgabe der Implementierung eines Grenzkostenpreisregimes in einem Land obliegt den Politikern. Wir wissen – auch aus die Geschichte der gemeinsamen Verkehrspolitik –, daß deren Handlungen eher auf die Maximierung von Wählerstimmen abzielen als auf die Maximierung der Wohlfahrt. Regierungen haben immer wieder Preise von Gütern und Leistungen manipuliert, um ihre Stellung im Wählerstimmenmarkt zu stärken. Damit hat sich die Theorie des „politischen Preises" bereits sehr früh befaßt (siehe *Schmidtchen* 1973, 1974, 1982, 1987).[24] Deshalb erscheinen große Zweifel daran angebracht, daß das Grenzkostenpreisprinzip, wie es der Kommission vorschwebt, universell verwirklicht werden wird. Der Gefahr, daß auch „road pricing" in diesem Sinne politisiert wird, müßte durch entsprechende institutionelle Vorkehrungen entgegengewirkt werden. Das Thema dürfte an Bedeutung gewinnen, wenn konsequenterweise auch der PKW-Verkehr in die Nutzerfinanzierung einbezogen wird. Zwar hat die Kommission für 2002 die Vorlage einer Rahmenrichtlinie versprochen, die für alle Verkehrsträger die Grundsätze der Tarifierung der Infrastrukturnutzung sowie die Gebührenstruktur festlegt. Aber diese Rahmenrichtlinie wird – wie die Europäische Kommission selbst in ihrem Weißbuch (2001, S. 87) bemerkt – „allen Mitgliedstaaten bei der Anwendung breiten Spielraum" lassen.

5.3.4. Der Straßengüterverkehr – „cash cow" der Union?

Zunächst einige Zahlen. In der folgenden Tabelle 1 werden die externen Kosten und die Infrastrukturkosten einer LKW-Autobahnfahrt über 100 km zu Schwachlastzeiten (in Euro) wiedergegeben (siehe Weißbuch 2001, S. 83).

Tabelle 1: **Externe Kosten und Infrastrukturkosten einer Lkw-Autobahnfahrt über 100 km zu Schwachlastzeiten (in EUR)**

Externe Kosten und Infrastrukturkosten	Durchschnittliche Spanne
Luftverschmutzung	2,3 – 15,0
Klimaänderung	0,2 – 1,54
Infrastruktur	2,1 – 3,3
Lärm	0,7 – 4,0
Unfälle	0,2 – 2,6
Staus	7,7 – 9,3
Insgesamt	8,0 – 36,0

---

[24] Diese Theorie gehört zur sogenannten „capture"-Theorie der Regulierung, die neuerdings durch Einbettung in die Prinzipal-Agent-Problematik zu einer „New Regulatory Economics" erweitert wurde (siehe *Schmidt-Trenz* 1996, S. 218 f.).

Tabelle 2 enthält die Kosten und Gebühren einer LKW-Fahrt über 100 km auf einer mautpflichtigen Autobahn zu Schwachlastzeiten in Euro (Weißbuch 2001, S. 85).

Tabelle 2: Kosten und Gebühren einer Lkw-Fahrt über 100 km auf einer mautpflichtigen Autobahn zu Schwachlastzeiten (in EUR)

Gesamtkosten (externe Kosten und Infrastrukturkosten)	Durchschnittliche Belastung (ohne MwSt)	Durchschnittliche Infrastrukturgebühren	In Deutschland vorgesehene Infrastrukturgebühren	In der Schweiz erhobene Infrastrukturgebühren
8 - 36	12 - 24	8,3	13	36

Es zeigt sich: „Unabhängig von der Art der derzeit geltenden Autobahntarifierung liegt die durchschnittliche Gebührenbelastung eines Lkw bei einer Fahrt von 100 km in einem Bereich von 12 – 24 EUR, wovon nur wenig mehr als 8 EUR auf Infrastrukturgebühren entfallen" (Weißbuch 2001, S.83).

Um eine Nettobelastung der Verkehrswirtschaft durch die Umstellung auf „kostenwahre Preise" zu vermeiden, denkt die Kommission an eine Senkung der bestehenden Steuern (siehe Weißbuch 2001, S. 84, 119). Aber eine solche Absenkung ist erneut eine Frage des politischen Wollens. Vor dem Hintergrund leerer Staatskassen besteht die Gefahr, daß der Straßenverkehr als „cash cow" der Union kräftig zur Kasse gebeten wird. Im August dieses Jahres soll die LKW-Maut in Deutschland eingeführt werden. Abhängig von der Anzahl der Achsen und dem Schadstoffausstoß eines Fahrzeugs soll sie zwischen 10 und 17 Cent je Kilometer liegen. Nach den Vorstellungen der Bundesregierung sollen die deutschen Fuhrunternehmer die Maut mit der Mineralölsteuer in Höhe von insgesamt 300 Millionen Euro verrechnen können. Fast 3,5 Mrd. € werden aber jährlich von der LKW-Maut eingefahren. Gewiß, die streckenbezogene Maut ersetzt die zeitbezogene Euro-Vignette, so daß insofern die Nettobelastung des LKW-Verkehrs geringer ausfällt. Die EU-Kommission prüft zur Zeit die als „Harmonisierung" bezeichnete Entlastung nach Beihilferecht.

Insgesamt wird man feststellen müssen, daß ein beträchtlicher Teil der Abgaben – man schätzt 800 Millionen € – ohne Bindung an bestimmte Aufgaben für allgemeine Haushaltszwecke verwendet wird. Nur ein kleiner Teil der milliardenschweren Straßenbenutzungsabgabe wird dem Straßenbau zugute kommen.[25]

---

[25] Siehe jüngstens „Weniger Mittel für Straße und Schiene. Eichel kürzt Haushaltsansätze / Verkehrsverband fordert neue Priorität", in: Frankfurter Allgemeine Zeitung, Nr. 13 vom 10. Januar 2003, S. 12. Um Politiker nicht in Versuchung zu führen und der Wirtschaft Planungssicherheit zu geben, sollten eindeutige Regeln aufgestellt werden: Alle Einnahmen sind in den Verkehrssektor zu reinvestieren. Eine solche Regel erhöht auch die „politische" Akzeptanz.

Szenarien für eine neue europäische Verkehrspolitik 43

5.3.5. Kosten eines Mautsystems

Wer Preise als verkehrspolitisches Ordnungsinstrument einsetzen will, muß mit nicht unerheblichen Transaktionskosten rechnen. Der Wert des Auftrags zur Installation des neuen Mautsystems in Deutschland beläuft sich auf etwa 8 Mrd. €, die drei Betreiber sollen jährlich 600 Millionen € für ihre Dienste erhalten (siehe *Spehr* 2003). Ob dies ein effizientes Verfahren darstellt, wäre zu prüfen. Es gilt jedenfalls als das teuerste Mautsystem der Welt, das anfällig und ungenau sein und zur Mautprellerei anreizen dürfte.

5.4. Erlöse von effizienten Preisen: ein allgemeines Gleichgewichtsmodell

In der UIC/CER/European Commission DG-Tren-Studie „Erlöse von effizienten Preisen: Evidenz von den Mitgliedstaaten" (siehe *Roy* 2000) wird mit Hilfe eines Allgemeinen Gleichgewichtsmodells der Einfluß effizienter Preisbildung auf die Erlöse in den Ländern England, Frankreich und Deutschland ermittelt. Die Ergebnisse des Grenzkostenpreisprinzips werden mit denen zweier Referenzszenarien verglichen. Das eine umfaßt die tatsächlichen Erlöse des Jahres 1995 und das andere die wahrscheinlichen Erlöse in 2005, wenn man an der gegenwärtigen Preispolitik festhalten würde. Die Studie untersucht drei stilisierte Märkte: innerstädtischer Verkehr, Stadtumlandverkehr („other-urban") und nichtstädtischer Verkehr.

Dies sind die Ergebnisse (siehe *Roy* 2000, S. 4 f.):

– In den Referenzszenarien mit den Grenzkostenpreisen übertreffen die Erlöse aus dem Transportsystem die Infrastrukturkosten. Diese Überdeckung kommt maßgeblich durch einen Transportsysteminternen Transfer vom Straßenverkehr zur Eisenbahn und Binnenschiffahrt zustande.

– Effiziente Preise führen vermutlich zu einer Erlössteigerung von ca. 50 %.

– Effiziente Preise würden volle Kostendeckung (Infrastrukturkosten + externe Kosten) für das gesamte Transportsystem bewirken. Der Kostendeckungsgrad bei Infrastrukturkosten ist 150 %.

– In allen drei Märkten führen effiziente und faire Preise zu einem Anstieg der Preise für den Straßengüterverkehr. Dafür käme es zu weniger überfüllten Straßen, stabilen Verkehrsvolumina und zu einem Anstieg des Anteils am Verkehrsvolumen. Den Grund dafür findet man im Rückgang des Personenstraßenverkehrs. Im Personenverkehr kommt es zu starken Modalshift-Effekten von der Straße zu Bahn und Metro.

– In allen drei Märkten und in allen drei Ländern führen die Preis- und Verkehrsvolumenänderungen zu einer absoluten Verringerung der marginalen externen Kosten.

Die Studie liefert wertvolle Einsichten in die Wirkungsweise von Grenzkostenpreisen. Aber sie hat Grenzen, die von den Autoren selbst genannt werden: Die Studie unterstellt gegebene Kapazitäten: „We do *not* suppose here that the given level of capacity is indeed optimal and we do *not* claim that the same level of prices, revenues and cost recovery would obtain at the optimal level" (*Roy* 2000, S. 23).

Das ist in der Tat die Crux – die in der Studie als effizient und fair angenommene Preisstruktur dürfte einfach falsch sein. Und zwar liegt das an den externen Effekten:

Wenn die Straßenkapazität unter Effizienzgesichtspunkten zu klein sein sollte, dann sind die externen Kosten exzessiv hoch. Kalkuliert man nun die Nutzungspreise auf der Basis aktueller externer Kosten, dann verursacht dies Änderungen im Verkehrsvolumen, die exzessiv hoch sind oder gar in die falsche Richtung gehen.

5.5. Fallstricke bei der Anlastung externer Kosten

Seit dem berühmten, 1960 publizierten, Artikel des Nobelpreisträgers *Ronald Coase* „The Problem of Social Cost" wissen wir, daß das Problem externer Kosten nicht unilateraler, sondern reziproker Natur ist. Ein kleines Beispiel, das jeder kennt, möge dies verdeutlichen: Ein Raucher und ein Nichtraucher bewohnen gemeinsam ein Zimmer. Das Rauchen einer Zigarette verursacht zusätzliche interne Kosten für den Raucher (Preis; Gesundheitsschädigung des Rauchers) und zusätzliche externe Kosten in Form der Gesundheitsschädigung des Nichtrauchers. Nach der Vulgärform des Verursacherprinzips ist der Raucher der Verursacher des externen Schadens, und es sollten ihm diese externen Kosten angelastet werden, damit er die *gesellschaftlichen Kosten* des Rauchens mit dem Wert des Rauchens einer weiteren Zigarette vergleichen kann. Wenn man das nicht über Preise hinbekommen kann, dann wäre ein Rauchverbot zu erlassen.

Coase hat gezeigt, daß diese Sehweise zu einseitig ist. Wenn man nämlich ein Rauchverbot erlassen würde (oder über eine Anlastung der externen Kosten den Raucher zum Verzicht des Rauchens bewegen würde), dann werden notwendigerweise Kosten für den Raucher verursacht. Der Raucher wird geschädigt in dem Sinne, daß er auf den Nutzen einer Aktivität verzichten muß, die er höher bewertet als die ihm dadurch entstehenden zusätzlichen Kosten. Mit anderen Worten: Will man den Nichtraucher schützen, muß man den Raucher schädigen. Will man dagegen den Raucher vor Schaden bewahren, dann wird der Nichtraucher geschädigt. Wir haben es hier mit einem Dilemma zu tun: Wie immer man sich entscheidet, irgend jemand wird einen Schaden erleiden. Dieses Dilemma ist unvermeidbar, wenn und insofern Nutzungskonkurrenz um Umweltressourcen – im Beispiel: die Luft des Raumes – besteht. Sie besteht immer, wenn Umweltressourcen knapp sind.

Das Raucher-Nichtraucher-Beispiel steht für eine allgemein anerkannte Lehre der Ökonomie: Alle Probleme externer Kosten resultieren aus Nutzungskonkurrenz. Dies gilt selbstverständlich auch für die aus Verkehrsnutzungen resultierenden externen Kosten.

Jede Nutzungskonkurrenz wird irgendwie entschieden. Es ist unmöglich, daß dies ohne volkswirtschaftliche Kosten geschehen kann, weil jede Vermeidung von Kosten mit Kosten verbunden ist (reziproke Natur des Problems).

Was heißt das für den Verkehr? Wenn man einem LKW-Fahrer erlaubt, nachts durch eine dicht bewohnte Stadt zu fahren, dann werden die Anwohner geschädigt. Wenn man nun aber den Anwohnern ihren Nutzungsanspruch auf Ruhe gewährt, dann wird der LKW-Fahrer geschädigt. Er muß entweder eine andere Route wählen, zu einer anderen Zeit fahren oder Schalldämpfungsmaßnahmen ergreifen. Sein Schaden besteht im Rückgang seines Gewinns. Wie auch immer die Nutzungskonkurrenz entschieden wird: Es ist unmöglich, daß dies ohne Kosten geschieht. Dem, der auf seine Nutzung verzichten muß, entstehen unvermeidlich Kosten – die Ökonomen nennen sie Opportunitätskosten – in Höhe der Bewertung der entgangenen Nutzung.

Hier ist in den Worten von *Coase* (1978 [1960], S. 148.) das, was die kopernikanische Wende in der Betrachtung von Umweltschutzproblemen ausmacht:

„Gemeinhin wird das Problem als eines begriffen, in dem A den B geschädigt hat und in dem zu entscheiden ist, wie A daran gehindert werden sollte. Aber dieser Ansatz ist falsch:
Wir haben es hier mit einem reziproken Problem zu tun. Wollte man den Schaden vermeiden, der dem B zugefügt wird, so würde dies A belasten. Die eigentlich zu beantwortende Frage lautet:
Sollte es A erlaubt werden, B zu schädigen, oder sollte man es zulassen, daß B den A schädigt? Das Problem besteht darin, den jeweils schwerwiegenderen Schaden zu vermeiden."

Bei Transaktionskosten von Null sorgen Verhandlungen zwischen den betroffenen Parteien dafür, daß unabhängig von der Erstzuteilung der „property rights" die Ressourcennutzung von dem vorgenommen wird, der diese am höchsten bewertet (*Coase*-Verhandlungslösung). Ihm die Nutzung zu verwehren, würde den schwerwiegenderen Schaden erzeugen.

Wie vermeidet man aber den jeweils schwerwiegenderen Schaden bei positiven Transaktionskosten? Die Antwort ist einfach: Man gebe derjenigen Partei das Nutzungsrecht an der knappen Ressource, die die Nutzung am höchsten bewertet. Notwendigerweise geht dies zu Lasten der Partei, für die die Nutzung der Ressource weniger wert ist. Aber diese Entscheidung der Nutzungskonkurrenz ist volkswirtschaftlich effizient, denn die Ressource wird von dem genutzt, bei dem sie den höchsten volkswirtschaftlichen Nutzen stiftet.

Dieses Prinzip zur Entscheidung von Nutzungskonkurrenz kann man noch anders formulieren, und zwar unter Verwendung des Begriffs „cheapest cost avoider". Danach sollte die Nutzungskonkurrenz so entschieden werden, daß die Pflicht zur Schadensvermeidung dem auferlegt wird, der das mit den niedrigsten Kosten tun kann. Den nennt man den „cheapest cost avoider". Dies ist derjenige, der die Nutzung einer knappen Ressource niedriger bewertet als der andere. Muß er auf die Nutzung verzichten, entgehen der Volkswirtschaft „Werte", aber dieser Wertentgang ist kleiner als der Wertentgang, den die Volkswirtschaft *unvermeidlich* zu tragen hätte, wenn auf die höherwertige Nutzung verzichtet würde. Bei der Wahl zwischen zwei unvermeidbaren Übeln wählt man vernünftigerweise das kleinere.

Von alledem liest man in dem Weißbuch der *Europäischen Kommission* (1998) nichts. Das Weißbuch unterstellt unausgesprochen, daß derjenige, der eine Emission verursacht, auch der „cheapest cost avoider" ist. Ihm sollen durch Benutzungsgebühren in Höhe der volkswirtschaftlichen Grenzkosten Anreize gegeben werden, auf seine Nutzung zu verzichten oder sie einzuschränken. Ob der LKW-Fahrer der „cheapest cost avoider" ist, ist eine offene Frage, die man in dem Weißbuch zumindest hätte diskutieren müssen. Aber wer sich auf dem Trampelpfad der Vulgärform des Verursacherprinzips bewegt, dem entgehen diese Zusammenhänge. Darin liegt ein schwer-wiegender Kunstfehler.

Aufschläge auf Nutzungsgebühren mit dem Zweck einer Anlastung von externen Kosten sind ein Anwendungsfall der sogenannten *Pigou*-Steuer. *Pigou* folgend war die ökonomische Profession vor dem Erscheinen des berühmten Artikels von *Coase* der Meinung, daß die beste Lösung für negative Externalitäten (externe Kosten) eine Steuer sei. Die Idee ist einfach: Wenn A eine Handlung vornimmt, die dem B externe Kosten aufbürdet, dann wird eine Besteuerung von A in Höhe dieser Kosten den A dazu bringen, diese Externalität bei seiner Entscheidung zu berücksichtigen. Die Ökonomen verwenden in diesem Zusammenhang den Ausdruck „Internalisierung". Wenn die mit einer Rückführung der Umweltnutzung notwendigerweise verbundenen Kosten niedriger sind als die Steuer, „rechnet" es sich, diese Kosten aufzuwenden und damit die Steuer zu vermeiden.

Dies kann aber volkswirtschaftlich völlig unsinnig sein, wenn man nicht den „cheapest cost avoider" mit der Steuer konfrontiert. Denn der oben dargestellte Kalkül wird von jedem angestellt, der mit einer Steuer konfrontiert ist, also auch vom „high cost avoider". Man betrachte das im Weißbuch der *Europäischen Kommission* (1998, Punkt 11, S. 5/6) angeführte Beispiel:

> „Bestehende Entgeltsysteme fördern selten saubere Technologien. Beispielsweise entfällt ein erheblicher Anteil der Schwefeldioxid- und Stickoxidemissionen auf den Seeverkehr, und die Emissionen könnten durch stärkere Nutzung schwefelarmer Bunkeröle und den Einsatz von Entstickungskatalysatoren deutlich gesenkt werden. Solange allerdings das Verursacherprinzip nicht angewandt wird und Emissionen nicht mit Gebühren belegt werden, besteht für die Reeder keine Veranlassung, entsprechende Maßnahmen zu ergreifen. Ein Gebührensystem für Emissionen wäre für die Betreiber ein Anreiz, Maßnahmen zur Verringerung der Umweltverschmutzung in Betracht zu ziehen, da Emissionsverringerungen durch niedrigere Gebühren belohnt würden. Übersteigen die Gebühren die Kosten für emissionsvermindernde Maßnahmen, würden die Reeder die Schadstoffemissionen einschränken, und die sozioökonomische Effizienz des Sektors würde gesteigert. Gleiches gilt für andere Verkehrsarten."

Wie stünde es – so ist zu fragen – um die „sozioökonomische Effizienz", wenn der Seeverkehr im genannten Beispiel der „high cost avoider" wäre?

Sucht man nicht gezielt nach dem „cheapest cost avoider", sondern konfrontiert einen gemäß der Vulgärform des Verursacherprinzips identifizierten Verursacher mit einer Steuer, dann kann nicht nur eine volkswirtschaftliche Verschwendung verursacht werden, sondern es wird das Transportgewerbe insgesamt mit nicht gerechtfertigten Kosten belastet. Volkswirtschaftliche Ineffizienz schlägt sich in einer Verschlechterung der Ertragslage des Verkehrsgewerbes nieder und erhöht auch die Kosten für die verladende Wirtschaft.

Gestützt auf die Vulgärform des Verursacherprinzips, wird häufig die Ansicht vertreten, daß *alle* externen Kosten von dem Verursacher getragen und vermieden werden müßten.[26] Diese Ansicht ist jedoch verfehlt. Es gibt nämlich volkswirtschaftlich gesehen

---

[26] Auch der *Wissenschaftliche Beirat* (1999, S. 440) scheint dieser Ansicht zuzuneigen: „Einige wichtige Bestandteile der sozialen Grenzkosten verlaufen nicht steigend in der Verkehrsmenge. Dies gilt z. B. für die externen Grenzkosten der Verkehrsunfälle und des Verkehrslärms ... Wird hier eine Preisbildung zu sozialen Grenzkosten durchgeführt, so decken die Zahlungen der Verursacher nicht die Kosten der Geschädigten. Das Verursacherprinzip ist

ein optimales Niveau von Umweltverschmutzung, das sich folgendermaßen bestimmen läßt: Wo der volkswirtschaftliche Nutzen der Reduktion der Umweltverschmutzung größer ist als die Kosten der Vermeidung, ist das optimale Niveau überschritten. Die Umweltverschmutzung sollte zurückgeführt werden. Wo die Kosten der Vermeidung höher sind als die Nutzen der Vermeidung, ist das Niveau der Umweltverschmutzung zu niedrig. Sie sollte erhöht werden. Das Optimum liegt dort, wo die Kosten der Vermeidung einer Umweltverschmutzung gleich groß sind dem daraus resultierenden Nutzen (= vermiedener Schaden). Mit anderen Worten: Die Abweichung von diesem Umweltverschmutzungsniveau, in welche Richtung auch immer, verursacht höhere volkswirtschaftliche Kosten als Nutzen. Daraus ergibt sich eine wichtige Folgerung für die Verkehrspolitik der EU: Die Beobachtung von externen Kosten des Verkehrs als solche ist kein hinreichender Grund für politisches Tätigwerden. Es könnte ja sein, daß diese externen Kosten volkswirtschaftlich effizient sind. Man spricht in diesem Zusammenhang von *Pareto*-irrelevanten externen Effekten.[27] Es wird deutlich, daß der Grund für einen wirtschaftspolitischen Eingriff nicht in der Existenz von externen Kosten als solcher zu suchen ist, sondern im zu hohen Niveau einer Externalitäten erzeugenden Aktivität.

Im Jahre 1998 betrugen die Netto-Ausgaben des Bundes, der Länder und Gemeinden für das Straßenwesen 28 Mrd. DM. Die Gesamteinnahmen aus Steuern, Beiträgen und Nutzungsgebühren beliefen sich auf 78 Mrd. DM. Es ergibt sich ein Einnahmenüberschuß von 50 Mrd. DM oder 280 %. Berücksichtigt man die vom Umweltbundesamt auf jährlich 160 Mrd. DM geschätzten externen Kosten des Verkehrs (siehe Frankfurter Allgemeine Zeitung, Nr. 112 vom 17. 05. 1999, S. 17), dann verbliebe eine Unterdeckung von 110 Mrd. DM pro Jahr. Solche Zahlen haben immer wieder Anlaß zu der Frage geliefert, inwieweit der Straßenverkehr die durch ihn verursachten Kosten deckt. Das aber ist die falsche Fragestellung. Richtig wäre es dagegen zu fragen, wie groß der Anteil *Pareto*-irrelevanter externer Kosten ist. Oder alternativ: Man hätte zu prüfen, wie hoch die Kosten der Vermeidung der externen Kosten in Höhe von 160 Mrd. DM aussehen. Vielleicht stellt sich heraus, daß diese größer sind als die 160 Mrd. DM. Dann sollte man nicht verkehrspolitisch aktiv werden. Vielleicht käme man auch zu dem Ergebnis, daß es sich nur lohnt, externe Kosten im Umfang von 80 Mrd. DM zu vermeiden und die restlichen 80 Mrd. DM dort zu lassen, wo sie angefallen sind. In beiden Fällen käme das Umweltbundesamt in Argumentationsschwierigkeiten: Es unterstellt nämlich, daß dem Verkehr diese 160 Mrd. DM angelastet werden müßten, und es hat vorgerechnet, daß eine Umlage der 160 Mrd. DM auf den Benzinpreis zu einer maximalen Erhöhung von 50 Pfennigen führe (siehe Frankfurter Allgemeine Zeitung, Nr. 112 vom 17. 05. 1999, S. 17).

---

also nicht erfüllt, und das System bewirkt zu geringe Anreize für die Reduktion der externen Kosten."

[27] Solche *Pareto*-irrelevanten externen Kosten gibt es auch im *Pigou*-Optimum.

6. Die Eisenbahn – das falsche Allheilmittel

Wer das Weißbuch 2001 der Kommission unvoreingenommen liest, dem drängt sich der Eindruck auf, daß die Kommission in der Wiederbelebung der Eisenbahn ein Allheilmittel sieht: Man höre, was die Kommission sagt:

„Der Schienenverkehr ist ein Sektor von strategischer Bedeutung – im eigentlichen Sinne des Wortes –, der insbesondere im Güterverkehr für ein ausgewogenes Gewicht der einzelnen Verkehrsträger notwendig ist" (Weißbuch 2001, S. 17).

„Außerdem muss eine echte Revolution der Eisenbahnkultur erfolgen, so dass dieser Verkehrsträger eine zufrieden stellende Wettbewerbsfähigkeit erreicht, aufgrund deren er einer der Hauptakteure im Verkehrssystem des erweiterten Europa bleibt" (S. 29).

6.1. Vorschläge

Folgende Vorschläge werden zur Wiederbelebung der Eisenbahn unterbreitet (Weißbuch 2001, S. 17):

– Mehr Wettbewerb zwischen den Eisenbahngesellschaften,
– Öffnung der Märkte nicht nur im internationalen Güterverkehr (wie 2000 beschlossen), sondern auch bei der Kabotage auf den nationalen Märkten (keine Leerfahrten) und schrittweise auch im internationalen Personenverkehr,
– Harmonisierung mit Blick auf die Interoperabilität und Sicherheit,
– Wiedergewinnung von Reputation bezüglich Zuverlässigkeit und Pünktlichkeit,
– Einrichtung internationaler Trassen, die dem Güterverkehr vorbehalten sind (spezialisierte Infrastruktur oder in Form eines Alleinnutzungsrechts zu bestimmten Tageszeiten) (S. 37),
– Umorientierung der Infrastrukturinvestitionen zugunsten der Eisenbahnen (S. 35 f.)[28],
– Quersubventionierung des Langstreckenverkehrs und des Stadtverkehrs durch Straßenbenutzer.

6.2. Bewertung

Wenn man an eine Revitalisierung der Eisenbahnen denkt, dann sollte man ein Prinzip beachten: Revitalisierung ohne Diskriminierung. Die Vorschläge der Kommission laufen aber auf eine Diskriminierung insbesondere des Straßenverkehrs hinaus. Außerdem, wenn es eine Lektion der Ökonomie bezüglich Quersubventionierung gibt, dann ist es die: Quersubventionierung ist die Droge, die alle Anreize zerstört, wettbewerblich zu werden. Schließlich kann das Argument nicht überzeugen, daß die Eisenbahn der strategische Sektor in Europa sei, und zwar aus folgenden Gründen:

– Die Durchschnittsgeschwindigkeit im grenzüberschreitenden Güterverkehr („long distance") beträgt 18 km/h: „Die Züge sind damit langsamer als ein Eisbrecher in der Ostsee" (Weißbuch 2001, S. 31). Gewiß, viele Vorschläge des Weißbuchs sol-

---

[28] In den letzten 30 Jahren wurden in Europa alljährlich im Durchschnitt 600 km Strecken stillgelegt, während das Autobahnnetz um 1.200 km vergrößert wurde (Weißbuch 2001, S. 35).

len diese Geschwindigkeit erhöhen. Ein die Wettbewerbsposition erheblich verbessernder Effekt dürfte allerdings nur von „rail freight freeways" zu erwarten sein. Europa ist nicht Amerika. Es ist fraglich, ob diese Schnellverbindungen im dichtbesiedelten Europa in hinreichender Kapazität und in absehbarer Zeit geschaffen werden können.

- Die Branche selbst plant bis 2020 eine Erhöhung des Marktanteils von 6 % auf 10 % beim Personenverkehr und von 8 % auf 15 % beim Güterverkehr (Weißbuch 2001, S. 29). Selbst wenn dieses Ziel erreicht würde, käme es nur zu einer Reduktion der Marktanteile um 4 bzw. 7 Prozentpunkte im Straßenverkehr. Die Straße ist und bliebe die strategische Größe im europäischen Verkehrsmarkt.

- Um die im Weißbuch 2001 vorgeschlagenen Maßnahmen umzusetzen, müssen Politiker tätig werden. Haben sie die richtigen Anreize? Die Erfahrungen aus Deutschland begründen Zweifel: Eine Schlüsselgröße für mehr und fairen Wettbewerb ist ein „unbundling" von Netz und Betrieb. Ein Nutzer des Netzes soll nicht zugleich Eigentümer des Netzes sein, also für Aufbau, Erhaltung und Erweiterung zuständig sein. Ziel ist die Gewährleistung eines diskriminierungsfreien Zugangs zum Netz. Nach einer längeren politischen Diskussion entschied die Regierung, die Eigentumsverhältnisse unverändert zu lassen. Gewiß, außerhalb der Deutschen Bahn AG wird eine unabhängige Trassenagentur beim Eisenbahn-Bundesamt eingerichtet, das für die Sicherung der Diskriminierungsfreiheit zuständig sein soll. Inwieweit diese Lösung ein Substitut für ein „unbundling" darstellt, wäre zu prüfen. Immerhin liefert die Neue Institutionenökonomik Argumente, die gegen ein „unbundling" ins Feld geführt werden könnten. Vertikale Integration kann Transaktionskosten sparen, auch wegen Lernkurveneffekten. Möglicherweise hat man diese Effekte in Großbritannien unterschätzt – mit den bekannten Folgen.

Interessant ist auch das, was die unabhängige *Kommission Verkehrsinfrastrukturfinanzierung* (2000), die sogenannte *Pällmann*-Kommission, in ihrem Schlußbericht sagt:

(1) Sie diagnostiziert ein beträchtliches Mißverhältnis zwischen den Bundesausgaben, insbesondere den Bruttoinvestitionen in die Infrastruktur, und dem Gewicht der Verkehrsträger im Verkehrssystem (S. 15). Zum Beispiel: Die spezifische Bruttoinvestition pro Transporteinheit in die Eisenbahn war dreimal so hoch wie die in die Straße (1 Transporteinheit = 1 Person/km bzw. 1 Tonne/km). Nimmt man die Erlöse als Bezugsgröße, dann ist die Diskrepanz noch größer.[29]

(2) „Eisenbahnen und Binnenschiffahrt sind aufgrund der Konfiguration ihrer Streckennetze und ihrer Systemspezifika nicht in der Lage, eine Trendumkehrung im Wettbewerb der Verkehrsträger zu bewirken" (S. 16).

---

[29] In der von der SPD und den Grünen beschlossenen Koalitionsvereinbarung ist die „Gleichwertigkeit von Straße und Schiene" festgeschrieben worden. Daraus wird abgeleitet, daß in der Verkehrswegeplanung gleiche Summen für Straße und Schiene eingesetzt werden müßten. Es ist fraglich, ob ein für den Schienenverkehr ausgegebener Euro – volkswirtschaftlich gesehen – den gleichen Wert besitzt wie ein in den Straßenverkehr investierter.

(3) Auf mittlere Sicht ist es unrealistisch, eine nachhaltige Entlastung der Bundesfernstraßen durch Verkehrsverlagerungen auf Schiene oder Binnenwasserwege zu erwarten (S. 16).

(4) „Eine Verringerung nachteiliger ökologischer Wirkungen des Automobilverkehrs ist wesentlich wirksamer am ‚System Straße' selbst zu erreichen als durch ordnungspolitische Eingriffe mit dem Ziel von Verkehrsverlagerungen" (S. 16).

Es gibt vorzugswürdige Alternativen zur Verkehrsumschichtung: Stauverminderung durch Beseitigung von Engstellen (bottlenecks); neue Verkehrsmanagementsysteme; Verbesserung des Energiewirkungsgrades.

7. Funktionierender Nahverkehr

Obwohl zahlreiche der oben unterbreiteten Gedanken auch den Stadt- und Umlandverkehr betreffen, verlangen einige Besonderheiten eine getrennte Behandlung.

7.1. Vorschläge

Das Weißbuch 2001 gesteht zu, daß die Europäische Union wegen des Subsidiaritätsprinzips keine Kompetenz zur Regelung des Stadt- und Umlandverkehrs besitzt. Unter der Überschrift „Förderung guter Praxis" stellt das Weißbuch fest:

> „Staus stellen zusammen mit der Luftverschmutzung eine der Ursachen mangelnder Lebensqualität in den Städten dar, und beide Erscheinungen treten in der Regel zusammen auf. Die übermäßige Nutzung von Pkw ist einer der Hauptgründe dafür. Es müssen deshalb solche Lösungen attraktiver gemacht werden, die eine Alternative zum Auto darstellen können, sowohl hinsichtlich der Infrastruktur [U-Bahn-Linien, Straßenbahnen, Fahrradwege, Vorrangspuren für öffentlichen Verkehrsmittel] als auch hinsichtlich der Dienstleistungen (Bedienungsqualität, Fahrgastinformation). Die öffentlichen Vekehrsmittel müssen ein Niveau an Komfort, Qualität und Geschwindigkeit bieten, das den Erwartungen der Bürger entspricht" (Weißbuch 2001, S. 97 f.).

Die Einführung der City-Maut in London dient unter anderem dazu, diese Ziele zu erreichen.

7.2. Bewertung

— Was die Diagnose anlangt: Was ist das Kriterium zur Bestimmung dessen, was „eine übermäßige Nutzung von PKW" genannt wird? Der freie Wille der Menschen?

— Es wird nicht gefragt, wieviel zusätzliche Zeit für einen Transportvorgang anfällt, wenn man auf das Auto verzichtet. Auch berücksichtigt das Weißbuch nicht den Hauptgrund für die anwachsende Überfüllung in den Städten: Viele Millionen Euro, die der Besteuerung des Straßenverkehrs zu verdanken sind, wurden in öffentliche Transportprojekte investiert statt in Projekte, die tatsächlich eine Überlastung hätten vermeiden können.

— Was Luftverschmutzung und Gesundheitskosten anlangt (siehe dazu Weißbuch 2001, S. 94 f.), so sind in der Tat wichtige externe Kosten des PKW-Verkehrs adressiert. Wenn man die Autos von der Straße brächte, dann würden diese Kosten zweifellos verringert. Aber andere Kosten würden steigen.[30] Nichts ist in dieser Welt kostenlos zu haben: „There is no such thing as a free lunch." Es ist nicht einfach, den Nettoeffekt zu bestimmen.

- Straßenbahnschienen verlaufen häufig auf derselben Höhe wie Straßen, so daß Autos warten müssen, wenn Züge die Straßen kreuzen. Eine amerikanische Studie fand heraus, daß ein Zug jedem Passagier eine Zeiteinsparung von 19 Minuten liefert und jeden Autofahrer 1 Minute kostet. Da der Verkehrsplan mehr als 40 Autofahrer pro Zugpassagier vorsah, verloren Autofahrer 2 Minuten pro eingesparter Minute bei den Zugbenutzern (O'Toole 1997, S. 35).
- Was die verkehrspolitische Therapie anlangt: Die einzelnen Verkehrsträger sollten aufgrund aller ihrer Vor- und Nachteile miteinander verglichen werden.

Aufgrund einer umfassenden Nutzen-Kosten-Analyse müssen der Schienenverkehr, der Busverkehr und der PKW-Verkehr in ein Konzept integriert werden. Es ist keineswegs ausgemacht, daß der Schienenverkehr stets vorzugswürdig ist. Hier sind die Ergebnisse einer Studie über den „Intermodal Surface Transportation Efficiency Act" (ISTEA), der 1991 in den USA erlassen wurde: Ziel war die Entwicklung eines „National Intermodal Transportation System that is economically efficient and environmentally sound, provides the foundation for the Nation to compete in the global economy, and will move people and goods in an energy efficient manner" (O'Toole 1997, S. 7).

ISTEA will den schienengebundenen Nahverkehr und Untergrundbahnen fördern. Dabei ist folgendes zu bedenken (siehe O'Toole 1997, S. 28 ff.): Diese Verkehrsträger befördern nur einen Teil des Berufsverkehrs, aber der Bau der Trassen kostet 10 bis 100 mal so viel pro Meile als bei der Straße (siehe O'Toole 1997, S. 1).

Bis auf die Projekte in Washington und San Diego kann kein Schienenprojekt in den Vereinigten Staaten als erfolgreich bezeichnet werden. Einem Bericht des Verkehrsministeriums ist zu entnehmen, daß nahezu alle Projekte weit mehr kosten und weniger Fahrgäste anziehen als geplant. Die variablen Kosten und die amortisierten Kapitalkosten pro Fahrgast sind beim Schienenverkehr höher als beim Bus: Gesamte Kosten pro Zugbenutzer 6 bis 16 $, pro Busbenutzer 2 bis 4 $. Weil die meisten Zugbenutzer vom Bus auf den Zug umgestiegen sind, belaufen sich die Kosten pro neuem Nutzer eines öffentlichen Verkehrsmittels, das ist ein früherer PKW-Benutzer, auf 9 bis 36 $.

Ein Drittel aller Zugbenutzer fahren zu Park and Ride-Stationen; sie produzieren damit fast so viel Kaltstart-Emissionen, wie wenn sie mit dem PKW zum Arbeitsplatz gefahren wären. Der Zugverkehr reduziert weder die Überfüllung noch die Emission von Schadstoffen. Die Finanzierung von lokalen Projekten aus Mitteln, die die Kraftfahrer aufgebracht haben, führt zu starkem Lobbying und zur Durchführung von Projekten, die keine positive Nutzen-Kosten-Relation aufweisen (siehe O'Toole 1997, S. 10 ff.). Wer hat noch nicht als Begründung für die Durchführung eines lokalen öffentlichen Projekts von Politikern das Argument vernommen, daß ein Großteil der Mittel von Brüssel, vom Bund oder dem Land stammen. Solche zentral bereitgestellten Fonds

---

[30] Man denke nur an die zusätzlichen Unfälle, in die Straßenbahnen im innerstädtischen Verkehr involviert sind.

stellen eine Art von „common pool"-Ressource dar, die bekanntlich zu einer Übernutzung Anlaß gibt. In diesem Fall ist die Übernutzung indirekter Art. Es werden Investitionsprojekte verwirklicht, die sich wegen der Zuschüsse zwar aus lokaler Sicht, aber nicht zwingend aus globaler Sicht „rechnen".[31]

Gewiß, die amerikanischen Erfahrungen sind nicht 1:1 auf Europa übertragbar. Nichtsdestotrotz könnten sie zum Nachdenken anregen, ob die uneingeschränkte Forderung des Weißbuchs 2001, den öffentlichen Personenverkehr attraktiver zu machen, die Kosten in Rechnung stellt.

8. Anmaßung von Wissen

Versucht man die den Weißbüchern 1998 und 2001 der Europäischen Kommission unterliegende Philosophie mit einem Begriff zu kennzeichnen, dann ist es der des Verursacherprinzips. Der Verursacher von Kosten soll zahlen, und zwar nicht nur für interne Kosten, also solche, die in der betrieblichen Kostenrechnung erfaßt werden, sondern auch für externe Kosten. Das sind Kosten, die Dritte zu tragen haben, die an einer Nutzungsentscheidung selbst nicht beteiligt, aber von ihr betroffen sind. Die Idee hat etwas für sich: Werden einem Verursacher über Nutzungsgebühren die der Gesellschaft insgesamt entstehenden Kosten signalisiert, dann kann er vergleichen, ob der Wert einer zusätzlichen Nutzung der Infrastruktur – gemessen durch den dafür erzielbaren Preis – größer oder kleiner als ist diese Zusatzkosten. Ist er größer, wird er die Nutzung vornehmen; ist er kleiner, wird er sie unterlassen. Ein derartiger Kalkül eines jeden Nutzers der Infrastruktur führt zu einer volkswirtschaftlich (gesellschaftlich) effizienten Nutzung der Verkehrsinfrastruktur. Es werden solche und nur solche Infrastrukturnutzungen vorgenommen, deren zusätzlicher gesellschaftlicher Wert größer oder gleich den zusätzlichen gesellschaftlichen Kosten ist. Nutzungsakte, bei denen dies nicht der Fall ist, werden unterlassen. Die soziale Grenzkostenregel sollte auch beim Ausbau der Infrastruktur angewendet werden. Der Ausbau steigert die Wohlfahrt der Gesellschaft, wenn die zusätzlichen gesellschaftlichen Kosten der Infrastrukturerweiterung nicht höher sind als der zusätzliche gesellschaftliche Nutzen.

Das Anliegen der EU-Kommission, den Preisen als dem zentralen Signalsystem zur Steuerung ökonomischer Entscheidungen in einer Marktwirtschaft auch im Verkehr eine größere Bedeutung beizumessen und nicht nur auf Reglementierung zu setzen, ist grundsätzlich gutzuheißen. Auch ist zu begrüßen, daß die Kommission durch unterschiedliche nationale Regelungen hervorgerufene Wettbewerbsverzerrungen bekämpfen möchte.

Niemand kennt allerdings die Marktanteile im Verkehr, die sich bei einem universal praktizierten Grenzkostenpreisregime einstellen würden. Wettbewerb mit fairen und effizienten Preisen arbeitet im Verkehr wie überall als ein Entdeckungsverfahren. Die

---

[31] Sollten die Zuschüsse einer Internalisierung positiver externer Effekte dienen, ergibt sich ein anderes Bild. Dies mag in der Tat beim Gemeinschaftsbeitrag zur Finanzierung transeuropäischer Netze der Fall sein. Die Kommission will diesen Anteil bei „kritischen" Projekten auf 20 % anheben (Weißbuch 2001, S. 67).

von diesem Verfahren entdeckten Marktanteile sollten die Technologien, Präferenzen, Erwartungen („beliefs") aller Nutzer und Anbieter von Verkehrsleistungen unter Berücksichtigung der Knappheit der Ressourcen widerspiegeln. Unterstellt man Wettbewerbsfreiheit auf Seiten der Anbieter und Wahlfreiheit auf Seiten der Nachfrager, dann ist nicht zu erkennen, wie eine Politik der Bremsung des Straßenverkehrs und der Förderung anderer Verkehrsarten mit dem Ziel der Zementierung der Marktanteile von 1998 mit dem Grenzkostenpreisprinzip vereinbart werden kann. Woher weiß die Kommission, welche Marktanteile ein fairer und effizienter Wettbewerb entdecken wird? *Friedrich A. von Hayek* hätte hier von einer Anmaßung von Wissen gesprochen.

Literatur:

Coase, Ronald (1978 [1960]), Das Problem der sozialen Kosten, in: *Heinz-Dieter Assmann, Christian Kirchner* und *Erich Schanze*, (Hg.), Ökonomische Analyse des Rechts, Athenäum Taschenbücher, Rechtswissenschaft, Kronberg/Ts., S. 146-202.

Europäische Kommission (1995), Faire und effiziente Preise im Verkehr – Politische Konzepte zur Internalisierung der externen Kosten des Verkehrs in der Europäischen Union, Grünbuch, Kom (1995) 691 endg.

Europäische Kommission (1998), Faire Preise für die Infrastrukturbenutzung: Ein abgestuftes Konzept für einen Gemeinschaftsrahmen für Verkehrs-Infrastrukturgebühren in der EU, Weißbuch, Kom (1998) 466 endg. vom 22. 7. 1998.

Europäische Kommission (2001), Weißbuch – Die europäische Verkehrspolitik bis 2010: Weichenstellungen für die Zukunft, Amt für amtliche Veröffentlichungen der europäischen Gemeinschaften, Luxemburg.

Hamm, Walter (1964), Preise als verkehrspolitisches Ordnungsinstrument, Heidelberg.

Hamm, Walter und *Wolfgang Neumann* (1973), Binnenwasserstraßenpolitik, Berlin.

Hansjürgens, Bernd (1997), Äquivalenzprinzip und Finanzpolitik: Ein Besteuerungsprinzip (erneut) auf dem Prüfstand, in: Zeitschrift für Wirtschaftspolitik, Jg. 46, Heft 3, S. 275-301.

Kommission Verkehrsinfrastrukturfinanzierung (2000) (sogen. *Pällmann*-Kommission), Schlußbericht vom 5. September 2000.

O'Toole, Randal (1997), ISTEA. A Poisoneous Brew for American Cities, Policy Analysis, No. 287, Cato Institute.

Prognos AG und *Institut für Wirtschaftspolitik und Wirtschaftsforschung*, Universität Karlsruhe (2002), Schlußbericht Wegekostenrechnung für das Bundesfernstraßennetz unter Berücksichtigung der Vorbereitung einer streckenbezogenen Autobahnbenutzungsgebühr, Basel und Karlsruhe.

Rothengatter, Werner (1994), Obstacles to the Use of Economic Instruments in Transport Policy, in: *The European Conference of Ministers of Transport* (Hg.), Internalising the Social Costs of Transport, Paris: OECD Publications Service.

Roy, Rana (2000), Revenues from Efficient Pricing: Evidence from the Member States, UIC/CER/European Commission DG-TREN Study, Final study report, London.

Schmidtchen, Dieter (1973), Politische Ökonomie staatlicher Preisinterventionen, Berlin.

Schmidtchen, Dieter (1974), Der „politische Preis", in: Wirtschaftswissenschaftliches Studium, H. 1, S. 17-22.

Schmidtchen, Dieter (1982), Theorie des politischen Preises, in: *Franz Böcker* (Hg.), Preistheorie und Preisverhalten, München, S. 279-298.

Schmidtchen, Dieter (1987), Gebührenpolitik der DBP und Ordnungspolitik, in: *Helmut Diederich, Walter Hamm* und *Werner Zohlnhöfer* (Hg.), Die Deutsche Bundespost im Spannungsfeld der Wirtschaftspolitik, Heidelberg, S. 221 – 281.

Schmidtchen, Dieter und *Mattias Leder* (1998), Das Geld liegt auf der Straße, in: Frankfurter Allgemeine Zeitung, Nr. 68 vom 21. 03. 1998, S. 15.

Schmidt-Trenz, Hans-Jörg (1996), Die Logik kollektiven Handelns bei Delegation, Tübingen.

Spehr, Michael (2003), Das neue Mautsystem ist teuer, anfällig und ungenau, in: Frankfurter Allgemeine Zeitung, Nr. 11 vom 14. 01. 2003, S. T 1.

*Wissenschaftlicher Beirat (*1999) beim Bundesminister für Verkehr, Bau- und Wohnungswesen, Ansätze für ein alternatives Konzept zum Weißbuch der Europäischen Kommission, Gutachten vom August 1999, in: Internationales Verkehrswesen, 51. Jg., Nr. 10, S. 436-446.

Alfred Schüller (Hg.), Orientierungen für ordnungspolitische Reformen
Studien zur Ordnungsökonomik · Nr. 29 · Stuttgart · 2003

Warum eine selbstverantwortliche Bürgergesellschaft das „schwerste" Ordnungsproblem ist

Helmut Leipold

Inhalt

1. Die selbstverantwortliche Bürgergesellschaft als Ordnungsproblem 56

2. Institutionentheoretische Grundlagen 58
   2.1. Begriff und Typen der Institutionen 58
   2.2. Sind Institutionen öffentliche Güter? 60
   2.3. Selbstbindende Institutionen als Netzwerkgut 60
   2.4. Bindungsbedürftige Institutionen als Moralgut 61

3. Begriff und Funktionen der Zivilgesellschaft 64

4. Institutionelle Entstehungsbedingungen der Zivilgesellschaft 65
   4.1. Einige Besonderheiten der westeuropäischen Entwicklung 65
   4.2. Einige institutionelle Besonderheiten in außerwestlichen Kulturräumen 68

5. Formen der Zivilgesellschaft 70
   5.1. Die selbstvertrauende Zivilgesellschaft 70
   5.2. Die staatsvertrauende Zivilgesellschaft 71

6. Aktuelle Herausforderungen der Zivilgesellschaft 74

Literatur 75

1. Die selbstverantwortliche Bürgergesellschaft als Ordnungsproblem

Der Titel dieses Beitrages ist eine Anspielung auf die Einsicht von *Immanuel Kant* (1968a, S. 22) der in der „... Erreichung einer allgemein das Recht verwaltenden bürgerlichen Gesellschaft" das „schwerste" und „größte" Problem der Menschengattung erachtete. Als Ursache dafür analysierte er in geradezu musterhafter Form die mit dem ewig aktuellen Ordnungsproblem verbundenen Anreiz- und Interessenbedingungen. Obwohl der Mensch als vernunftbegabtes Wesen Gesetze wünsche, welche die individuelle Freiheit beschränken und dadurch erst ein freies und geordnetes Zusammenleben aller Bürger ermöglichen, wolle sich doch jeder von der Befolgung der Gesetze ausnehmen. Deshalb benötigten die Menschen einen Herrn oder Souverän, der die Geltung der Gesetze überwacht. Da dieser Herr jedoch ebenfalls ein primär selbstinteressierter Mensch sei, bedürfe er wiederum eines Herrn, der ihn kontrolliere. Das damit verbundene Dilemma zweiter und höherer Ordnung bringt *Kant* (1968a, S. 23) wie folgt auf den Punkt: „Denn jeder derselben wird immer seine Freiheit mißbrauchen, wenn er keinen über sich hat, der nach den Gesetzen über ihn Gewalt ausübt. Das höchste Oberhaupt soll aber gerecht für sich selbst und doch ein Mensch sein. Diese Aufgabe ist daher die schwerste unter allen; ja ihre vollkommene Auflösung ist unmöglich."

Kant war sich also der Vertracktheit des sozialen Ordnungsproblems bewußt, das heute spieltheoretisch als Gefangenendilemma modelliert wird. Seine Diagnose hebt sich jedoch von den rationalen spiel- und institutionentheoretischen Analysen durch die realistische Skepsis gegenüber der Vorstellung ab, das soziale Ordnungsproblem ließe sich durch die Einrichtung unabhängiger und d. h. meist staatlicher Kontrollinstanzen einfach lösen. Diese Lösung bleibt unbefriedigend, solange sie keine überzeugende Auflösung für das damit verbundene Ordnungsproblem zweiter und höherer Ordnung anbietet. Das erklärt seine strikte Ablehnung eines paternalen Staates und dessen Anspruch, für die Wohlfahrt und das Glück seiner Bürger sorgen zu wollen. Nach *Kant* (1968b, S. 291) führt der fürsorgliche Wohlfahrtsstaat zwangsläufig zum despotischen und allmächtigen Staat und zur unmündigen Bürgergesellschaft.

Damit ist die Thematik angesprochen, die das wissenschaftliche Lebenswerk von *Walter Hamm* bestimmt hat. Sein Engagement als akademischer Lehrer, als Wissenschaftler, als Politikberater und als Journalist galt der Bewältigung des sozialen Ordnungsproblems im Geiste einer freien und menschenwürdigen Gesellschaft.

Im Widerspruch zum modischen Zeitgeist diagnostizierte *Hamm* schon früh im umfassenden Sozialstaat die eigentliche Wurzel der wirtschaftlichen und sozialen Fehlentwicklungen in Deutschland (vgl. stellvertretend dazu *Hamm* 1975, 1981 und 1989). Entgegen gutgemeinter Absichten zerstöre der Sozialstaat seine eigenen Grundlagen. Er behandele die Menschen nicht als mündige Bürger, sondern als Untertanen, denen er „Wohltaten" nach obrigkeitsstaatlichem Gutdünken und politischen Machtinteressen beliebig zuteile. Er beeinträchtige die individuelle Leistungsbereitschaft und noch mehr die selbstverantwortliche Sorge um das Wohl der Mitbürger in Familie, Nachbarschaft und in anderen solidarischen Gemeinschaftsformen. Der allzuständige Sozialstaat schaffe deshalb nicht mehr, sondern weniger sozialen Zusammenhalt und begünstige ein amoralisches Anspruchsdenken der Bürger gegenüber den staatlich organisierten Sicherungssystemen und damit letztlich gegenüber der Gesellschaft. Kurz gefaßt diagnostiziert *Hamm* im paternalistischen Sozialstaat die eigentliche Ursache der wirtschaftlichen und sozialen Probleme, deren Lösung der Sozialstaat vorgebe.

Die kritische Sicht der Verhältnisse war stets auch konstruktiver Art, weil *Hamm* eine Vielzahl konkreter Reformvorschläge entwickelt und vorgestellt hat. Seine Reformempfehlungen umfassen alle wichtigen Bereiche der Wirtschafts-, Finanz- und Sozialpolitik und beziehen sich auf die Reform der Gesundheits-, Renten-, Arbeitsmarkt-, Steuer-, Verkehrs- und Bildungspolitik sowie anderer Politikbereiche. Alle Empfehlungen sind von dem Kriterium geleitet, die aus wechselnden Allianzen von Parteien und organisierten Interessengruppen entstandenen „Systeme der Begünstigung und Beschränkung" (*Adam Smith* 1974, S. 588) zugunsten allgemeiner, abstrakter Regeln zu reformieren und die Selbstverantwortung der Bürger zu stärken. Alle Reformvorschläge waren und sind unbeirrt den Prinzipien einer freien Gesellschaft verpflichtet, wie sie *Adam Smith*, *Friedrich A. von Hayek*, *Walter Eucken* und nicht zuletzt *Immanuel Kant* entwickelt und postuliert haben. Allerdings mußte auch *Hamm* die eingangs angeführte Schwere des Vorhabens erfahren, möglichst allgemeine und d. h. für alle Individuen gleiche Regeln des menschlichen Zusammenlebens durchzusetzen. Ungeachtet seiner Diagnosen und Empfehlungen unterblieben zumindest in Deutschland die von ihm eingeforderten und überfälligen ordnungspolitischen Reformen des Sozialstaates. Anstelle eines Rucks in der Wirtschafts- und Sozialpolitik kam es allenfalls zum machtpolitisch bedingten Verrücken politischer Besitzstände. Diese Erfahrung bestätigt die Ausgangsthese von *Immanuel Kant*, daß die Erreichung einer allgemein das Recht verwaltenden bürgerlichen Gesellschaft das schwerste Problem darstellt.

Dabei handelt es sich nicht um ein spezifisch deutsches, sondern vielmehr um ein universales Problem. Der Bedingungszusammenhang zwischen einer selbstverantwortlichen Bürgergesellschaft und einem freiheitlichen Staats- und Gemeinwesen ist vor allem im Sozialismus und bei dessen Umgestaltung in demokratisch und marktwirtschaftlich verfaßte Gesellschaften deutlich geworden. Die eigentlichen Geburtshelfer für die Wiederentdeckung dieses Zusammenhangs waren zuerst die mutigen oppositionellen Gruppen, die im Namen der Bürger- oder Zivilgesellschaft mehr Freiheiten für die Menschen einforderten (vgl. dazu *Keane* 1998; *Kocka* 2000). Seitdem ist auch im Westen das Gespür für die freiheitssichernde Funktion einer selbstverantwortlichen und aktiven Bürgergesellschaft gewachsen, wobei im folgenden der deutsche Begriff der Bürgergesellschaft durch den international üblichen Begriff der Zivilgesellschaft ersetzt werden soll. Allerdings fehlt bisher, wie *Kocka* (2000, S. 21) zu Recht feststellt, eine ausformulierte sozialwissenschaftliche Theorie der Zivilgesellschaft.

In diesem Beitrag sollen einige Anregungen für eine Theorie der Zivilgesellschaft vorgestellt werden. Der gemeinsame Bezugspunkt der Überlegungen ist die These, daß sich der Begriff, die Entstehung und die Funktionen der Zivilgesellschaft erst im Rahmen einer Theorie des Wandels und der Wirkungen von Institutionen erschließen lassen. Denn eine selbstverantwortliche Zivilgesellschaft zeichnet sich ja durch das Engagement der Bürger für die Existenz und Geltung allgemeiner und freiheitlicher Regeln des Zusammenlebens aus. Wie zu zeigen sein wird, erwächst dieses Engagement selbst aus geschichtlich gewachsenen informalen Regelwerken. Im ersten Schritt (2.) werden daher einige institutionentheoretische Grundlagen vorgestellt, die sich auf eigene Vorarbeiten beziehen (vgl. *Leipold* 2000a und 2003a und b). Die Vorarbeiten werden insofern weitergeführt, indem die Eigenarten der Institutionen als ökonomische Güter sui generis näher bestimmt werden. Auf dieser institutionentheoretischen Basis werden dann in den nächsten Schritten Begriff und Funktionen (3.), die Entstehungsbedingungen (4.) und einige Formen (5.) der Zivilgesellschaft geklärt. Die unterschiedlichen zivilgesellschaftlichen Formen werden am Beispiel der Vereinigten Staaten von Amerika und Deutschlands illustriert. Insgesamt geht es darum, die Kategorie der Bürger- bzw. Zivilgesellschaft als Ansatzpunkt für ordnungspolitische Reformen zu präzisieren.

2. Institutionentheoretische Grundlagen

2.1. Begriff und Typen der Institutionen

Nach dem in den verschiedenen institutionenökonomischen Ansätzen vorherrschenden Verständnis verkörpert eine Institution eine Regel (bzw. Regelmenge) in zwischenmenschlichen Beziehungen, die erstens bestimmte Verhaltensweisen gebietet oder verbietet, die also den Raum des zulässigen Verhaltens beschränkt und so Beziehungen ordnet, die zweitens entweder unintendiert entstanden ist oder bewußt gesetzt bzw. vereinbart wird und die drittens entweder gewohnheits- oder überzeugungsbedingt verläßlich befolgt oder aber durch spezielle Autoritäten notfalls durch Zwang zur Geltung gebracht wird. Institutionen verleihen sozialen Beziehungen eine Regelmäßigkeit, wodurch mehr oder weniger verläßliche Erwartungen über Verhaltensweisen der Mitmenschen gebildet und Vertrauensbeziehungen möglich werden können. Je nach dem Grad der Befolgung geltender Regeln und den hieraus resultierenden Anreizen werden Verlauf und Ergebnisse sozialer Beziehungen einschließlich der arbeitsteiligen wirtschaftlichen Austauschbeziehungen systematisch beeinflußt (vgl. *North* 1992, S. 3 f.).

Die nachfolgend vorgestellte, spieltheoretisch inspirierte Institutionentypologie unterscheidet zwischen selbstbindenden und bindungsbedürftigen Institutionen. Als Kriterium dafür liegen die Grade der Konvergenz bzw. der Rivalität von Interessen in sozialen Beziehungen zugrunde, die ja Reflex der relativen Knappheiten sozial begehrter Güter (Ämter, Sexualpartner, Privilegien, Dienste u.a. Güter) sind (vgl. *Leipold* 2000a).

In konfliktarmen und deshalb sozial unproblematischen Interessenbeziehungen fallen die Einigung und wechselseitige Befolgung von Regeln relativ einfach aus. Weil sie meist selbstinteressiert befolgt werden, seien sie als *selbstbindende Institutionen* bezeichnet. Klassische Beispiele sind Konventionen, also Sitten, Gebräuche, Rituale und andere kulturspezifische Gewohnheiten.

Davon unterscheiden sich konflikträchtige und deshalb sozial problematische Interessenbeziehungen, wie sie sich spieltheoretisch durch mixed-motive-games und hierbei in klassischer Form durch das Gefangenendilemmaspiel modellieren lassen. Hierbei fallen die Einigung auf und die Befolgung von Regeln deshalb schwer, weil die für alle Beteiligten potentiell vorteilhafteste Regel den Verzicht auf die individuell bestmögliche Alternative verlangt. Es sind also Beschränkungen oder Bindungen des Selbstinteresses gefragt, weshalb dieser Regeltyp als *bindungsbedürftige Institution* bezeichnet wird. Der Verzicht auf die situativ häufig vorhandene bestmögliche Vorteilnahme setzt moralische Bindungen voraus. Daraus leitet sich die elementare Frage ab, welche Antriebe die Individuen dazu befähigen, sich auf moralische Bindungen einzulassen und sie verläßlich einzuhalten. Ich kann nur drei Quellen moralischen Verhaltens erkennen: erstens die genetisch freilich schwach angelegten natürlichen Anlagen, also die sogenannten moralischen Gefühle (emotio), zweitens der rational nicht begründbare Glaube (credo) an die Existenz transzendenter Wesenheiten (Geister, Ahnen, Götter, Gott) mit einer eigenmächtigen, meist offenbarten Ordnungs- und Kontrollfunktion der individuellen oder sozialen Verhältnisse; der geistige Zwilling des religiösen Glaubens bilden die von säkularen Ordnungsentwürfen oder Ideologien gespeisten und rationalen Argumenten nur bedingt zugänglichen Überzeugungen, weshalb sie kategorial dem Glauben zugeordnet werden sollen. Es bleibt drittens die dem Menschen eigene Vernunft (ratio), die dazu befähigt, die individuellen und sozialen Folgen alternativer Regelarrangements abzuwägen und sich für sozial vorteilhafte Regeln zu entscheiden und sie in rechtlich verbindlicher Form zu kodifizieren.

Gemessen an formalen Kriterien rationalen Handelns, ist Vernunft eine universale Kategorie. Als substantielle Kategorie ist Vernunft dagegen als kulturspezifische, weil von der raum- und zeitbezogen vorherrschenden Weltsicht geprägte Kategorie einzuschätzen. Von daher erklärt sich, weshalb die im Namen der Vernunft begründeten Vorstellungen von *Platon* oder *Konfuzius* über die ideale oder rationale Ordnung des menschlichen Zusammenlebens sich von denen *John Locke*s oder *Immanuel Kant*s unterscheiden.

Die originären Ordnungsfaktoren, also die moralischen Gefühle, der religiöse Glauben bzw. die ideologischen Überzeugungen und die kritische Vernunft, liefern das Kriterium für die Unterscheidung der bindungsbedürftigen Institutionen in

– emotional gebundene Institutionen,
– religiös gebundene Institutionen,
– ideologisch gebundene Institutionen und
– rechtlich erzwingbare Institutionen.

Es handelt sich bei dieser Typologie um reine Typen, zwischen denen in der realen Welt eigenständige Verbindungen und fließende Übergänge bestehen. Die drei erstgenannten Typen sind üblicherweise identisch mit den informalen Institutionen, während die rechtlich erzwingbaren Institutionen den Korpus der formalen Institutionen repräsentieren.

Das historisch gewachsene Gefüge dieser bindungsbedürftigen Institutionen macht den eigentlichen Kern einer jeden Kultur aus. Die produktive Regelung konfliktträchtiger Interessenbeziehungen ist deshalb zeit- und raumunabhängig ein problematisches Unterfangen, weil es Beschränkungen der Selbstinteressen und die angemessene Anerkenntnis der Interessen anderer Individuen voraussetzt. Verlangt sind moralische Bindungen, deren Geltung stets und überall prekär ist, weshalb Moral und damit auch die Regelgeltung knappe Güter sind.

2.2. Sind Institutionen öffentliche Güter?

Die Dimension der Institutionen als knappe Güter kommt wohl am augenfälligsten in der Tatsache zum Ausdruck, daß die Menschheit in ihrer Geschichte für die Sicherung der inneren und äußeren Ordnung mehr Anstrengungen und materielle Ressourcen aufwenden mußte als für die Sicherung des genuin wirtschaftlichen Lebensunterhalts (vgl. *Gellner* 1995, S. 155).

Sieht man einmal von genetisch angelegten Beschränkungen des Verhaltens ab, so waren und sind Regeln nicht vorgegeben, sondern zu erfinden, zu befolgen, generationenübergreifend per Erziehung und Bildung weiterzugeben und weiterzuentwickeln. Regeln sind dabei ein Gut sui generis, über dessen Merkmale unter Ökonomen allerdings kein Konsens besteht. In der Institutionenökonomik ist es üblich, Regeln oder Institutionen als öffentliches Gut und speziell als öffentliches Kapitalgut (Sozialkapital) zu interpretieren (vgl. *Buchanam* 1984, S. 183). Öffentliche Güter unterliegen bekanntlich dem Nichtrivalitäts- und dem Nichtausschlußprinzip, wofür technische Unteilbarkeiten und hohe Ausschlußkosten bei der Nutzung verantwortlich sind.

Mit diesen Prinzipien lassen sich jedoch die besonderen Merkmale der Ordnungsregeln nicht adäquat erfassen. Das Nichtrivalitätsprinzip bei der Nutzung bzw. Befolgung von geltenden Regeln greift insofern zu kurz, als jedes zusätzliche Individuum, das eine Regel verläßlich befolgt, für die anderen beteiligten Individuen den Nutzen erhöht, also positive externe Effekte stiftet. Analoge Erklärungsdefizite gelten für das Ausschlußprinzip. Bezogen auf die klassischen öffentlichen Güter, besteht hierbei für selbstinteressierte Individuen bekanntlich ein Anreiz, sich von deren Erstellung und Finanzierung, nicht jedoch von deren Nutzung ausschließen zu wollen, weshalb die spontane, marktmäßige Bereitstellung dieser Güter meist scheitert und von daher staatlich zu erzwingen ist. Für das Zustandekommen und die Befolgung von Regeln gelten aber andere Anreize. Selbstbindende Institutionen entstehen meist spontan und werden von eigeninteressierten Individuen in aller Regel auch freiwillig befolgt. Dagegen bestehen beim Zustandekommen und noch mehr bei der Befolgung bindungsbedürftiger Institutionen Anreize, nicht nur keinen Beitrag für das Zustandekommen beizusteuern, sondern sich darüber hinaus bei der Befolgung (Nutzung) bestehender Regeln isoliert auszuschließen.

Von daher ergibt die übliche Klassifizierung der Institutionen als öffentliche Güter wenig Sinn. Es ist also ein Umdenken geboten. Im folgenden soll daher eine eigenständige Güterinterpretation vorgestellt werden. Die Besonderheiten und Anreize für das Zustandekommen und die Befolgung von Regeln erscheinen in einem anderen Licht, wenn selbstbindende Institutionen als Netzwerkgut und bindungsbedürftige Institutionen als Moralgut konzipiert werden.

2.3. Selbstbindende Institutionen als Netzwerkgut

Netzwerkgüter sind eine relative neuartige Güterkategorie, die durch das Aufkommen moderner Kommunikationsgüter entstand. Dabei fiel auf, daß deren Nutzen nicht nur von der Qualität und Quantität des individuellen Konsums, sondern auch von der Zahl der Nutzer abhängt. Augenfällige Beispiele sind Telefonapparate oder Faxgeräte, deren isolierte Nutzung keinen Nutzen stiftet. Der Nutzen entsteht und steigt dagegen mit der Zahl der anwählbaren Personen. Die Kommunikation ist darüber hinaus an die gemeinsame Akzeptanz von Standards gebunden. Weil der Nutzen (Ertrag) der Güter mit zunehmender Zahl der Anwender ansteigt, kann die Marktentwicklung eigenen Bedingungen unterliegen. Wichtig sind die oft zufälligen Umstände für die ersten Anwendungen sowie die sich selbstverstärkenden Effekte im Zuge der zunehmenden Anwendungen. Beide Bedingungen können einen pfadabhängigen Verlauf der Technologie- und damit auch der Marktentwicklung begründen. Auf Einzelheiten der nachfolgenden Kontroversen über die Frage, ob die pfadabhängige Technologieentwicklung eine neue Form des Marktversagens begründe, kann an dieser Stelle nicht eingegangen werden (vgl. *Blankart* und *Knieps* 1994).

In der Institutionenökonomie war es *North* (1992, S. 109 ff.), der das Phänomen der Pfadabhängigkeit als einer der ersten für die Erklärung der Regelentwicklung übernommen hat. Für ihn ist die Pfadabhängigkeit der Schlüssel zum Verständnis der institutionellen und damit auch der wirtschaftlichen Entwicklung, wenngleich er konzediert, daß die Entwicklung der Institutionen komplizierter als die der Technik sei.

2.4. Bindungsbedürftige Institutionen als Moralgut

Diese Einschätzung von *North* ist zutreffend, wenn man die Gütermerkmale und die Entwicklung bindungsbedürftiger Institutionen zu bestimmen versucht. Das Zustandekommen und die Befolgung bindungsbedürftiger Institutionen sind sehr viel vertrackter, als es bei den selbstbindenden Institutionen der Fall ist. Die besonderen Anreize und Schwierigkeiten beim Zustandekommen und der Befolgung lassen sich erst dann entschlüsseln, wenn die moralische Dimension dieses Institutionentyps berücksichtigt wird. Bindungsbedürftige Institutionen sind der Prototyp eines Moralgutes. Der Anspruch, die besonderen Merkmale von Institutionen im Sinne eines Moralgutes zu bestimmen, ist bescheidener Natur. Hier interessieren nur die formalen Kriterien des moralischen oder amoralischen Verhaltens.

Das Moralverständnis orientiert sich erstens an der moralphilosophischen Tradition, wie sie beispielsweise durch *David Hume* oder *Immanuel Kant* begründet wurde, und zweitens an der jüngeren spieltheoretischen Analyse des Moralproblems (vgl. *Vanberg* 1988). Das klassische wie auch das spieltheoretische Verständnis konvergieren in der Definition von *Mackie* (1981, S. 133). Er definiert Moral als „... ein System von Verhaltensregeln besonderer Art, nämlich von solchen, deren Hauptaufgabe die Wahrung der Interessen anderer ist und die sich für den Handelnden als Beschränkungen seiner natürlichen Neigungen oder spontanen Handlungswünsche darstellen". Diesem abstrakten Moralverständnis entsprechen aus der Perspektive der Spieltheorie und hier des Gefangenendilemmaspiels die Bereitschaft zur wechselseitig vorteilhaften Kooperation und der Verzicht auf die Defektionsstrategie, die ja die bestmögliche individuelle Vorteilnahme zu Lasten der Mitspieler verspricht. Bekanntlich führt in diesem Spiel die Präferenz eines jeden Spielers für die Defektion, also für die isolierte Mißachtung von Regeln gegenüber der wechselseitigen Regelbefolgung, ungewollt zur kollektiven und amoralischen Dilemmasituation.

Gemäß diesem formalen Moralverständnis lassen sich bindungsbedürftige Institutionen als ein Moralgut, mithin als ein ökonomisches Gut sui generis, spezifizieren. Der individuelle Nutzen bezüglich der Geltung einer Regel bzw. einer Regelmenge gestaltet sich – neben der anreizkompatiblen Qualität der Regel – nach Maßgabe folgender Variablen:

- erstens des Vorteils aufgrund der wechselseitig regelgemäßen Abwicklung der Kooperation mit Partnern, wobei der individuell erzielbare Vorteil von der verläßlichen Regelbefolgung der anderen abhängt,
- zweitens des möglichen Sondervorteils, der durch die isolierte Mißachtung der geltenden Regel erzielt werden kann, vorausgesetzt, die anderen Partner verhalten sich kooperativ, also regelgemäß,
- drittens des zusätzlichen Sondervorteils, der dadurch erzielbar ist, daß die Regel eine machtbedingte ungleiche Behandlung der Kooperationspartner vorsieht, indem sie der einen Seite einen Vorteil gewährt, der zu Lasen der anderen Seite geht.

Die ökonomischen Gütermerkmale einer bindungsbedürftigen Regel als Moralgut lassen sich vergleichsweise zum Nutzenkonzept aufschlußreicher anhand des Rentenkonzepts verdeutlichen. Der Nutzen dient bekanntlich als Maß der Bedürfnisbefriedigung von Individuen beim Ge- oder Verbrauch von Gütern. Der Begriff der Rente stellt auf die Nutzen- oder Ertragsunterschiede zwischen den möglichen Entscheidungsalternativen beim Ge- oder Verbrauch der Güter ab. Bezogen auf die Regeln, geht es um deren Befolgung oder Mißachtung und um die ungleiche Behandlung in sozialen Beziehungen. Die Rente dient hierbei als Maß für den Zusatznutzen bzw. -ertrag beim Ge- oder Verbrauch eines Gutes gegenüber der nächstbesten Verwendung. Die individuell erzielbare Rente bezüglich der Geltung einer Regel gestaltet sich nach Maßgabe

- erstens des Vorteils, der durch die regelgemäße und verläßliche Abwicklung der Kooperation entsteht, wobei die Höhe der Kooperationsrente sich am Nutzen (Ertrag) bemißt, der im Falle der nächstbesten Alternative, hier also der wechselseitigen Mißachtung der Regel (Defektion), entsteht,
- zweitens des Sondervorteils, der durch die isolierte Mißachtung der geltenden Regel erzielbar ist, vorausgesetzt, der oder die anderen Kooperationspartner verhalten sich kooperativ, wobei sich die Höhe der Defektionsrente am Nutzen oder Ertrag der wechselseitig regelgemäßen Kooperation bemißt,
- drittens des Sondervorteils, der durch die Existenz und Geltung einer Regel erzielbar ist, die eine ungleiche Behandlung zwischen den Kooperationspartnern vorsieht, wobei sich die Höhe der machtbedingten Statusrente am Nutzen oder Ertrag bemißt, der bei der Geltung einer allgemeinen Regel entsteht, die eine Gleichbehandlung der Beteiligten garantiert.

Mit der Kooperations-, der Defektions- und der machtbedingten Statusrente werden hier also drei Nutzen- bzw. Rentenkomponenten eines Moralgutes unterschieden. Anhand dieser Kategorien läßt sich die vertrackte Anreizstruktur für das Zustandekommen und die Geltung bindungsbedürftiger Institutionen verdeutlichen. Die Aussicht, wechselseitig vorteilhafte Kooperationsrenten zu erzielen, sollte die regelgemäße Kooperationsbereitschaft stimulieren. Aus der Spieltheorie sind die Bedingungen für das Zustandekommen der Kooperation bekannt. So sind Solidaritätskerne erforderlich, bei denen die Mitglieder untereinander verläßlich vertrauen. In dem Maße, in dem sich das Ver-

Selbstverantwortliche Bürgergesellschaft

trauen ausbreitet und stabilisiert, breiten sich auch Kooperation und damit Spezialisierung, Arbeitsteilung und Tausch aus.

Vertrauen ist die prekäre Bedingung, weil es den Verzicht auf die Erzielung von Defektionsrenten verlangt. Das setzt die verläßliche Geltung bindungsbedürftiger Institutionen voraus, die informaler und formaler Art sein können. In dem Maße, in dem die Geltung unsicher ist, besteht die Gefahr, daß sich die Individuen in den Fallstricken des institutionellen Dilemmas erster Ordnung verfangen und sich defektive Verhaltensformen und wechselseitiges Mißtrauen ausbreiten und stabilisieren.

Weil die Menschen dieses Schicksal schon früh erfahren mußten, lag die Einrichtung von Institutionen zweiter Ordnung nahe, deren Zweck in der Durchsetzung und Kontrolle der Institutionen erster Ordnung bestand und besteht. In den vorstaatlichen Gemeinschaften waren beide institutionellen Ebenen noch nicht getrennt. Die ersten Ansätze einer vertikalen Spezialisierung im Sinne einer sozialen Über- und Unterordnung erfolgten in den frühen Häuptlingstümern, aus denen sich dann allmählich archaische staatliche Herrschaftsformen entwickelten. Der Staat markiert sicherlich die folgenreichste institutionelle Erfindung der Menschheitsgeschichte. Er konnte häufig für Recht und Ordnung sorgen, nicht weniger häufig jedoch zum hohen Preis der Unterdrückung und Ungleichbehandlung. *Ibn Khaldun* hat bereits im 14. Jahrhundert den Staat als diejenige Institution bezeichnet, die nur jene Ungerechtigkeiten verhindere, die sie nicht selbst begehe (zitiert bei *Gellner* 1995, S. 37). Er variiert damit die alte und bange Frage, wer über die Wächter der Regeln wachen soll. Weil die Lösung dieses Problems meist nicht oder nur unvollkommen gelang, erwuchs aus dem Vorhaben, das Dilemma erster Ordnung zu regeln, ein institutionelles Dilemma zweiter und höherer Ordnung. Aus ökonomischer Sicht ist der maßgebliche Anreiz für dessen Entstehung und Verfestigung in der Erzielung machtbedingter Statusrenten zu sehen. Die Zähmung des staatlichen Gewaltmonopols und die Vermeidung machtbedingter Statusrenten waren und sind noch komplizierter als jenes Unterfangen, dem institutionellen Dilemma erster Ordnung zu entkommen.

Aufbauend auf diesen institutionentheoretischen Grundlagen, sollen im folgenden die Funktionen, Entstehungsbedingungen und Formen der Zivilgesellschaft geklärt werden. Dazu sind drei Thesen zu begründen:

- Erstens: Die originäre und raum- und zeitunabhängige Hauptfunktion der Zivilgesellschaft ist darin zu sehen, institutionelle Dilemmata zweiter und höherer Ordnung zu verhindern oder zu beseitigen, worin zugleich das Kriterium zur begrifflichen Abgrenzung der Zivilgesellschaft zu sehen ist.
- Zweitens: Die Entfaltung des zivilgesellschaftlichen Engagements ist erklärungsbedürftig, weil es selber den Fallstricken der institutionellen Dilemmata zweiter Ordnung entkommen muß. Denn einerseits setzt die Zivilgesellschaft minimale rechtsstaatliche Freiräume des Denkens und Handelns voraus, deren Eröffnung andererseits vom zivilen Engagement abhängt. Dieses Paradoxon läßt sich auflösen, wenn die historisch eher zufälligen Entstehungsbedingungen sowohl für das zivilgesellschaftliche Engagement als auch für rechtsstaatliche Verhältnisse freigelegt werden. Die Wurzeln dafür sind in der Entwicklung der informalen, also der religiös und

ideologisch gebundenen Institutionen zu vermuten, was am Beispiel der europäischen und der außereuropäischen Entwicklung aufgezeigt werden soll.

– Drittens: Die Analyse dieser Entstehungsbedingungen ist die Voraussetzung für die Identifizierung der verschiedenen Formen der Zivilgesellschaft mit jeweils eigenen Auswirkungen auf die gesellschaftliche und wirtschaftliche Entwicklung.

Diese Thesen seien in den nachfolgenden Kapiteln in der gebotenen Kürze begründet.

3. Begriff und Funktionen der Zivilgesellschaft

Die erste These soll vor allem dazu dienen, die begriffliche Unschärfe und die verschiedenen Formen der Zivilgesellschaft zu klären. Die meisten Versuche, diese Kategorie zu definieren, bemühen regelmäßig das Argument der zeit- und länderspezifischen Vielfalt der Kategorie. Diese Absicherungen manifestieren nur die Defizite in der Theorie der Zivilgesellschaft. Ein Minimalkonsens besteht im Verständnis der Zivilgesellschaft als Ensemble der freiwilligen Vereinigungen und Aktivitäten von Bürgern, die darauf gerichtet sind, die Gestaltung der Regeln des sozialen Zusammenlebens einschließlich der dafür verantwortlichen Politikprozesse aktiv zu beeinflussen. Das zivile Engagement ist also freiwilliger Natur und nicht profit- oder machtorientiert, sondern primär gemeinwohlorientiert. Gemäß diesem allgemeinen Verständnis existiert eine Zivilgesellschaft dort, wo es freie Vereinigungen der Bürger gibt, die weder vom Staat bevormundet noch von engen Wirtschaftsinteressen geleitet werden und die den Verlauf der politischen und gesellschaftlichen Entwicklung aktiv mitbestimmen (vgl. *Taylor* 2001a, S. 69; *Keane* 1998, S. 6).

Dieses allgemeine Verständnis läßt sich dahingehend präzisieren, daß nur solche Vereinigungen das zivilgesellschaftliche Siegel verdienen, deren Hauptzweck es ist, die Verfassung des Gemeinwesens in Richtung des Ideals allgemeiner, also gleicher Regeln für alle Mitglieder der Gesellschaft einschließlich der allgemeinen Regelbefolgung zu bewegen und somit den Versuchungen zur Entstehung und Verfestigung institutioneller Dilemmastrukturen aktiv entgegenzuwirken. Dazu gehört es, für institutionelle Bedingungen Sorge zu tragen, welche die Erzielung machtbedingter Statusrenten einschließlich individueller Defektionsrenten möglichst verhindern. Indirekt ist das zivilgesellschaftliche Engagement somit auf gesellschaftliche und insbesondere institutionelle Bedingungen gerichtet, unter denen sich generalisiertes Vertrauen in zwischenmenschlichen Beziehungen ausbreiten kann.

Freilich repräsentiert ein verläßliches und möglichst generalisiertes Vertrauensklima einen normativen, um nicht zu sagen idealen Zustand. Die Frage nach den institutionellen Vorbedingungen für eine Annäherung an diesen Idealzustand wird kontrovers und nicht selten spekulativ beantwortet. Als geläufige und oft modische Erklärungsvariablen dienen neben der Zivilgesellschaft die Kultur, die Religion, die Rechtstradition, good governance und neuerdings verstärkt das von Soziologen entwickelte Konzept des Sozialkapitals.

Alle exemplarisch angeführten Erklärungsvariablen bleiben deshalb diffus, weil es ihnen an einem Unterbau durch eine plausible Theorie der Entwicklung und der Wirkungen von Institutionen ermangelt. Die vor allem von *Putnam* (1993) in die Diskussion gebrachte Kategorie des Sozialkapitals mag dafür als Beispiel dienen. Die sich daran anschließenden vielfältigen Definitionen des Sozialkapitals sind alleine deshalb verwirrend, weil sie mal auf Bestandsgrößen (Normen, Werte, Netzwerke, Vereinigungen), mal auf Stromgrößen (vertrauliche Beziehungen, Kontakte, Erträge, reziproke Vorteile) abstellen. Einigermaßen plausibel erscheint das Verständnis von *Fukuyama* (2000, S. 32), der Sozialkapital als den Bestand an gewachsenen informellen Werten und Normen definiert, die Kooperation zwischen den Mitgliedern einer Gruppe ermöglichen.

Sozialkapital wäre demnach auf der Ebene der informalen Institutionen erster Ordnung anzusiedeln, wobei das Kooperationsinteresse der Mitglieder der eher kleinen Gruppen, Netzwerke oder Vereinigungen pragmatischer und vorteilsbedachter, jedenfalls weniger gemeinwohlorientierter Natur ist als das des zivilgesellschaftlichen Engagements. Ferner benötigt Sozialkapital nicht die komplementäre Angewiesenheit auf den demokratischen Rechtsstaat. Beispielsweise gab es im Sozialismus vielfältige Formen des Sozialkapitals, aber keine Zivilgesellschaft. Vergleichsweise zur Zivilgesellschaft ist die Entfaltung von Sozialkapital weniger problematisch.

Die Zivilgesellschaft ist im Unterschied zum Sozialkapital auf die Mindestgeltung allgemeiner und gleicher Grundrechte angewiesen, deren Ausbau und Sicherung zugleich das eigentliche Ziel des zivilen Engagements ist. Zu nennen sind die Versammlungs- und Vereinigungsfreiheit, die Religions- und Gewissensfreiheit, die Meinungsfreiheit und andere elementare Grundrechte. Wie *Habermas* (1994, S. 445) betont, definieren diese Rechte „... den Spielraum für freiwillige Assoziationen, die in den Prozeß öffentlicher Meinungsbildung eingreifen, Themen von allgemeinem Interesse behandeln, unterrepräsentierte und schwer organisierbare Gruppen oder Anliegen advokatorisch vertreten, die kulturelle, religiöse oder humanitäre Ziele verfolgen, Bekenntnisgemeinden bilden und so weiter." Die Zivilgesellschaft ist also auf den demokratischen Rechtsstaat angewiesen, so wie dieser aus dem zivilen Engagement hervorgegangen ist. Das provoziert die Frage, wie die Zivilgesellschaft und damit auch der Rechtsstaat entstehen konnten. Die Klärung dieser Frage ist nicht nur von historischem Interesse, denn Zivilgesellschaft und demokratischer Rechtsstaat sind auch im 21. Jahrhundert weltweit keine Selbstverständlichkeiten. Hier gilt es zu zeigen, daß die Zivilgesellschaft auf spezifische religiöse und ideologische Institutionen und Überzeugungen angewiesen war und bis heute ist.

4. Institutionelle Entstehungsbedingungen der Zivilgesellschaft

4.1. Einige Besonderheiten der westeuropäischen Entwicklung

An dieser Stelle können nur einige markante Verkettungen für die Entfaltung der Zivilgesellschaft stichwortartig genannt werden, die im Verständnis von *Max Weber* (1991, S. 11) die Weichen für die Dynamik der zivilen Bewegung gestellt haben.

Eine erste Voraussetzung ist im Aufkommen der Vorstellung zu sehen, Gesellschaft und politische Ordnung seien zwei relativ eigenständige Bereiche des menschlichen Zusammenlebens. In Europa entwickelten sich die Keime für diese Vorstellung bereits im feudal und d. h. herrschaftlich zersplittert verfaßten Frühmittelalter. Hier wurzelt auch die Vorstellung, daß Lehnsherr und Vasall subjektive Rechte und Pflichten zu erfüllen haben, worin wiederum die Basis dafür zu sehen ist, daß hierarchisch abgestufte Transaktionspartner sich an vertragliche Vereinbarungen zu halten haben. Damit war der Übergang vom Status- zum Vertragsdenken vorbereitet.

Eine zweite wichtige Weichenstellung für die Entfaltung der Zivilgesellschaft war die Trennung zwischen staatlicher und kirchlicher Macht im Gefolge des Investiturstreits zwischen Kaiser *Heinrich IV.* und Papst *Gregor VII.* im 11. und 12. Jahrhundert. Der Jurist *Berman* (1991, S. 810) hat die Konsequenzen der päpstlichen Revolution mit dem Bild einer institutionellen Atomexplosion auf den Punkt gebracht, welche die Christenheit in die Kirche als ein rechtlich autonomes Gebilde und in die weltliche Herrschaft als das andere und zunehmend rivalisierende Gebilde aufspaltete.

Als dritte und wichtigste Weichenstellung für die Zivilgesellschaft ist die Reformation zu bewerten, weil sie das Denken des feudal und ständisch geordneten Spätmittelalters wie auch die überkommenen institutionellen Bindungen erschütterte. Folgende Grundideen sind hervorzuheben. Gemeinsam war allen protestantischen Bewegungen der Widerstand gegen die mächtige römische Kirchenorganisation, die sich als legitime Anstalt verstand, das Heil der Gläubigen gegenüber Gott zu vermitteln. Stattdessen wurden Glaube und Heil zur individuellen Angelegenheit deklariert. Jedes Individuum sollte zuerst sein eigener Seelsorger sein und das Heil im unmittelbaren Kontakt mit Gott sowie in einer gottgefälligen Lebensführung suchen. Im Einklang damit wurde die Gleichrangigkeit aller Gläubigen ungeachtet ihres Standes betont. Ebenso wichtig war die Forderung nach selbständiger Verwaltung der Glaubensgemeinden. Der Aufwertung der Individuen und Gemeinden entsprach eine Abwertung der kirchlichen und weltlichen Hierarchien mit ihren tradierten Statusrenten und -rechten.

Schließlich ist die Aufwertung der profanen, alltäglichen Berufe und Tätigkeiten hervorzuheben. Nach dem Verständnis von *Luther* ruft Gott alle Menschen zur Arbeit und zur selbstverantwortlichen Lebensführung, weshalb sie zu gottgefälligen Pflichten erhöht wurden. Die protestantischen Postulate der selbstverantwortlichen Seelsorge, der tatkräftigen Arbeit, der moralischen Aufrichtigkeit, des aktiven Engagements in der Gemeinde und die Infragestellung überkommener Hierarchien und Sonderrechte schufen fast alle Vorbedingungen für die Entfaltung einer zivilen Gesellschaft.

Tatsächlich wurde das Potential dafür unterschiedlich ausgeschöpft. Paradoxerweise und unintendiert bahnte der Calvinismus als eher fundamentalistisch einzustufender Protestantismus den Weg für eine selbstvertrauende Zivilgesellschaft angloamerikanischen Musters, während das Luthertum ebenfalls ungewollt die Entstehung einer staatsvertrauenden Zivilgesellschaft kontinentaleuropäischen Musters begünstigte. Die Hintergründe für die pfadabhängige Herausbildung von zwei Formen der Zivilgesellschaft seien kurz angedeutet.

Ausgangspunkt ist die berühmte These von *Max Weber* über die protestantische Ethik und den kapitalistischen Wirtschaftsgeist (vgl. *Lehmann* und *Roth* 1993). Danach wurde dieser Geist maßgeblich von der Prädestinationslehre des Calvinismus angestoßen, der es an einem überprüfbaren Kriterium ermangelte, wen Gott zum ewigen Heil oder Unheil auserwählt habe. Die Ungewißheit über das Seelenheil wurde von den Gläubigen dahingehend gedeutet, daß sie sich vor Gott in ihrer gesamten Lebensführung zu bewähren hätten. Dazu zählten tüchtige und ehrliche Arbeit und der sparsame Umgang mit knappen Gütern. Das dadurch erzielbare Vermögen wurde als Zeichen der göttlichen Gnade interpretiert, wobei nicht das Vermögen an sich, sondern die gottgefällige Bewährung der Lebensführung der eigentliche Antrieb war. Ebenso wichtig war wohl, daß die puritanische Ethik den Unternehmern und Kaufleuten ein Selbstwertgefühl in einer aristokratischen Gesellschaft verlieh, in der Wirtschaft und Handel stigmatisiert waren. Hinzu kam, daß die frühen calvinistischen und diversen freikirchlichen Gemeinden meist Minderheiten bildeten, die sich in einer katholischen Umwelt behaupten mußten. Von daher waren Selbsthilfe und aktives Engagement in den Gemeinden gefragt, womit wichtige Keime für das zivile Engagement gesät wurden.

Der Calvinismus hat schließlich, wiederum unintendiert, maßgeblich die Entwicklung der autonomen und analytisch ausgerichteten Wissenschaften begünstigt. Indem er kirchliche Autoritäten entthronisierte, wurden nicht nur religiöse Dogmen in Frage gestellt. Zugleich wurde der Weg für den systematischen Gebrauch der Vernunft als Erkenntnisquelle gebahnt. So wie sich das Gewissen der Menschen vor Gott direkt zu verantworten hat, so soll die Wissenschaft direkt zur realen Welt, also zur Natur und zur Gesellschaft vordringen und deren Gesetze ergründen. Die Wissenschaft erwies sich von daher als eigentlicher Weichensteller für die modifizierte moderne Weltsicht.

Herausgehoben sei hier nur die Einsicht von *Descartes*, daß die vernünftige Ordnung des sozialen Zusammenlebens nicht vorzufinden, sondern per Gebrauch des Verstandes zu erfinden und dann zu gestalten sei. Die Regeln des Zusammenlebens und der Moral werden also nicht mehr länger als vorgegebene, sondern als gestaltbare und veränderbare Bedingungen erachtet. Dadurch erscheint die Welt und deren Ordnung in einem neuen Licht. Der revolutionäre Denkwandel erschließt sich erst im Vergleich zur tradierten Weltsicht (vgl. *Taylor* 2001b). *Platon* sei als Bezugsperson zu *Descartes* gewählt. *Platon* wollte schon früh die Vernunft als Quelle zur Erkenntnis der richtigen Prinzipien der Moral und der Ordnung nutzen. Er blieb jedoch noch der Vorstellung von der Existenz göttlich oder kosmisch vorgegebener und ewig gültiger Prinzipien der Moral und damit einer hierarchisch geordneten Gesellschaft verhaftet.

Als ein weiterer bahnbrechender Beitrag für die Zivilgesellschaft sei die vertragstheoretische Begründung des Staates von *John Locke* genannt. Sie basiert auf der Prämisse der Existenz vorstaatlicher Rechte des gesellschaftlichen Zusammenlebens. Weil die Geltung der Rechte jedoch aufgrund allzu menschlicher Schwächen prekär sei, liege die einvernehmliche Einigung nahe, den Staat als Rechtsschutzstaat einzurichten, dem das Rechts- und Gewaltmonopol jedoch nur auf Treu und Glauben sowie auf Zeit zu verleihen und im Falle des Mißbrauchs zu entziehen sei. Als außerordentlich einflußreich erwies sich dabei das Postulat von der Existenz elementarer Natur- oder Menschenrechte, insbesondere der Religions- und Gewissensfreiheit, die jeder staatlichen Bevormundung entzogen seien.

Während die Ideen von *Locke* in Amerika und auch in England einen starken Einfluß auf die gesellschaftliche und politische Entwicklung ausübten, wurden sie in Deutschland und im kontinentalen Westeuropa weder in der Theorie noch in der politischen Praxis aufgenommen (vgl. *Reinhard* 2000, S. 460). Die unterschiedliche Rezeptionsbereitschaft mag als Indiz für das je eigenständige Gesellschafts- und Staatsverständnis gelten, das auch eigenständige Formen des zivilen Engagements hervorbrachte. Ungeachtet aller Unterschiede existierten jedoch in der westlichen Welt gemeinsame Überzeugungen und Regelwerke, die Freiräume für das zivile Engagement eröffneten. Diese Gemeinsamkeiten erschließen sich methodisch im Wege des Vergleichs mit den institutionellen Entwicklungen und Eigenarten in den außerwestlichen Kulturräumen.

4.2. Einige institutionelle Besonderheiten in außerwestlichen Kulturräumen

Als Kriterien für den exemplarischen Kulturvergleich dienen die im vorherigen Abschnitt diagnostizierten institutionellen und geistigen Bedingungen für die Entfaltung der Zivilgesellschaft. Sie seien deshalb noch einmal kurz zusammengefaßt.

Die Zivilgesellschaft setzt zuerst einen Wandel der traditionalen Weltsicht voraus, die der Vorstellung einer natur- oder gottgegebenen hierarchischen Ordnung des menschlichen Zusammenlebens verhaftet ist. Vielmehr muß die Einsicht Platz greifen, daß die Regeln des menschlichen Zusammenlebens veränderbar sind. Die Entzauberung der traditionalen Weltsicht hat nur dann und dort eine Erfolgschance, wenn Religion und Staat getrennt werden und wenn religiöse Dogmen, die ja meist auch die Existenz einer gottgewollten Ordnung legitimieren, entthronisiert werden. Notwendig ist also die Einsicht, daß Religion, Staat und Gesellschaft als relativ autonome Bereiche zu verstehen sind. Erst wenn der religiöse Glaube zur privaten Gewissensentscheidung erklärt und das staatliche Gewalt- und Rechtsmonopol auf die Gleichbehandlung aller Menschen unabhängig von Konfession, Herkunft, Rasse oder Geschlecht verpflichtet und eingeschränkt wird, erst dann kann überhaupt ein öffentlicher Raum für das zivile Engagement zugunsten des Ausbaus und der Festigung des demokratischen Rechtsstaates entstehen. Das zivile Engagement wiederum setzt die Verinnerlichung gemeinschaftsübergreifender, genereller und auf die Gestaltung des gesamten Gemeinwesens orientierter Überzeugungen voraus. Das eigentliche Paradox der Zivilgesellschaft ist also darin zu sehen, daß die rechtsstaatlichen Minimalbedingungen einerseits Voraussetzung, andererseits zugleich das Ziel und Ergebnis des zivilen Engagements waren und sind. Dieses Paradox läßt sich wohl nie ganz auflösen und ist wohl der Hauptgrund für die weltweit eher magere und zudem kulturell unterschiedliche Erfolgsbilanz der Zivilgesellschaft. Das sei an einigen Beispielen verdeutlicht.

In den afrikanischen Ländern fristet die Zivilgesellschaft aufgrund der ungebrochenen Geltung emotional-tribal gebundener Regeln und Überzeugungen ein Schattendasein. Im postkolonialen Afrika ist es nicht gelungen, den Staat und die Verwaltung als über den heterogenen Gemeinschaften stehende Instanz zu etablieren. Staatliche Ämter und Kompetenzen werden vielmehr zugunsten der Gemeinschaften instrumentalisiert, so daß man von einer Vergemeinschaftung und Patrimonialisierung des Staates, bevorzugt in Form der Tribalisierung, sprechen kann (vgl. *Hanck* 1999; *Leipold* 2002).

Als vergleichbares Hindernis für die Zivilgesellschaft erweist sich in den zum ostasiatischen Kulturraum gehörenden Ländern das ungebrochene Vertrauen in familiäre Regelbindungen, wenngleich diese Regeln in einen generell orientierten und hochentwickelten Moralkodex eingebettet sind (vgl. *Leipold* 2000c). In China wird das zivile Engagement zudem durch die aktuellen rechtsstaatlichen Defizite behindert.

In den zum islamischen Kulturkreis gehörenden Ländern standen und stehen die Dominanz religiös gebundener Institutionen und die damit verbundene Vorstellung der Einheit von Religion, Staat, Recht und Gesellschaft der Entfaltung der Zivilgesellschaft im Wege. Wie *Tibi* (1995, S. 28) lapidar feststellt, existiert in keinem arabischen Land eine Zivilgesellschaft im modernen Verständnis (vgl. auch *Leipold* 2001).

Auf dem indischen Subkontinent ist es das per Verfassung zwar wegdekredierte, das reale soziale Zusammenleben aber nach wie vor bestimmende Kastenwesen, das dem Aufkommen einer aktiven und wirksamen Zivilgesellschaft im Wege steht.

In den ost- und südosteuropäischen Ländern, die den griechisch-orthodoxen Glauben übernahmen, waren es wiederum andere und eigenständige historische Bedingungen, die die Entfaltung der Zivilgesellschaft behinderten. Als wichtigster Bremsklotz erwies sich wohl die Allianz von weltlicher Herrschaft und Kirche. Schon die oströmischen Kaiser und dann die Zaren verstanden sich zugleich als kirchliches Oberhaupt, wodurch die Religion für die Staatsmacht vereinnahmt wurde. Zudem gingen von der Ostkirche keine zum Protestantismus vergleichbaren Anreize zur aktiven Arbeit und zur weltzugewandten Lebensführung aus. Von daher ermangelte es an mit Westeuropa vergleichbaren Antrieben und Entfaltungsräumen für bürgerliche Freiheiten, freie Städte, autonome Wissenschaften und für aufgeklärte säkulare Rechts- und Staatslehren. Vor allem blieb die systematische Entwicklung des Rechts und noch mehr dessen verläßliche Verwaltung auf der Strecke (vgl. *Leipold* 2003b; *Buss* 1989). Die in den ost- und südosteuropäischen Ländern existierenden rechtsstaatlichen Defizite wurzeln also in zivilgesellschaftlichen Defiziten, die ihrerseits weit in die Geschichte zurückreichen.

Der kursorische Überblick über die institutionellen Eigenarten einiger großer Kulturräume zeigt, daß es hier an den elementaren Minimalbedingungen für die Entfaltung einer Zivilgesellschaft ermangelte. Die Idee einer Weltzivilgesellschaft bleibt daher vorerst eine Utopie. Das belegt die eingangs angeführte These von *Immanuel Kant*, daß in der Erreichung einer allgemein das Recht verwaltenden bürgerlichen Gesellschaft das schwierigste und größte Problem für die Menschengattung bestand und besteht. Anders formuliert, basiert diese These implizit auf der Einsicht, daß die bürgerliche oder zivile Gesellschaft die verläßlichste Vorkehrung zur Verhinderung oder zur Beseitigung institutioneller Dilemmata zweiter und höherer Ordnung bietet.

In Europa und zuerst in den Vereinigten Staaten von Amerika gelang es den Bürgern aufgrund der zufälligen Verkettung der institutionellen Umstände, der „lähmenden Ausbeutung durch ihre eigenen Herrscher" (*Jones* 1991, S. 116) und damit dem institutionellen Dilemma zweiter und höherer Ordnung zu entgehen. Als maßgebliche Weichenstellungen für die zivilen Freiheiten erwiesen sich hier die frühe Trennung von weltlicher und kirchlicher Macht, die Reformation und dann die Aufklärung mit ihren verschiedenen Richtungen und Bewegungen. Trotz des gemeinsamen politischen, religiösen und geistigen Erbes entwickelten sich zwei unterschiedliche Formen der Zivilgesellschaft, deren Eigenarten am Beispiel der Vereinigten Staaten von Amerika und Deutschlands aufgezeigt werden sollen.

5. Formen der Zivilgesellschaft

5.1. Die selbstvertrauende Zivilgesellschaft

Amerika verkörpert eine spezifische Form der Zivilgesellschaft, die *Taylor* (2001a, S. 80) in Anspielung an *John Locke* als die L-Variante bezeichnet hat. Bereits in der Unabhängigkeitserklärung von 1776 findet sich der Satz, daß Gott die Menschen mit unveräußerlichen Rechten ausgestattet habe. Diese Überzeugung hat auch die amerikanische Verfassung und die 1791 deklarierte „Bill of Rights" angeleitet, die als die ersten großen Errungenschaften des zivilen Engagements gelten können. *Hartz* (1955) hat daher die amerikanischen Bürger als „natürliche Lockeaner" bezeichnet (vgl. zum folgenden *Leipold* 2000b).

Die Zivilgesellschaft hat ihren Ursprung in der Gründungsphase Amerikas und hierbei in der Allianz von puritanischen und liberalen Überzeugungen, die sich gegen die britische Vorherrschaft verbündeten. Aus ihnen erwuchs das amerikanische Credo, dessen Botschaft von der großen Mehrheit der Bevölkerung geteilt wurde und bis heute wird. Dazu gehören der Glaube an individuelle Freiheit, Chancengleichheit, Unternehmertum, Wettbewerb, Leistungsdenken sowie Bürgerrechte und konstitutionelle Demokratie. Charakteristisch für die amerikanische Zivilreligion ist das historisch seltene Nebeneinander einer hohen Rechtsakzeptanz mit einer ausgeprägten Antistaatlichkeit (vgl. *Lipset* 1998, S. 20). Das Vertrauen in das Recht ist das Ergebnis des liberalen Erbes und zeigt sich in der verbreiteten Neigung, Streitfälle durch Gerichte zu klären. Das Mißtrauen in die staatliche Zuständigkeit ist puritanischen Ursprungs und äußert sich in dem zivilen Engagement, gemeinsame öffentliche Angelegenheiten möglichst selbstverantwortlich zu erledigen.

Die zivilen Tugenden hat *Alexis de Tocqueville* bereits vor mehr als 150 Jahren beschrieben. Die amerikanische Gesellschaft zeichne sich durch eine gewaltige Vielfalt von Vereinigungen aus, die das moralische Gefühl und das Engagement zugunsten des Gemeinwohls pflegten. Damit verbindet sich das Verständnis des Staates als einer gesellschaftlichen Einrichtung. Bei *Tocqueville* findet man bereits ansatzweise eine Erklärung für den Bedingungszusammenhang zwischen einer Zivilgesellschaft, einer verläßlichen Staats- und Rechtsordnung und einer funktionierenden marktwirtschaftlichen Ordnung. Die Zivilgesellschaft erziehe die Menschen zu mündigen und verantwortlichen Bürgern. Sie wecke das Gefühl für Pflichten zugunsten des öffentlichen Wohls. Sie erinnere jeden daran, daß er in der Gesellschaft lebt. Das zivile Engagement verhindere in Verbindung mit den christlichen Wertbindungen zugleich, daß die individuelle Freiheit nicht in die destruktive „Selbstsucht" abgleite. Nach *Tocqueville* (1987, S. 160 und S. 442) verschmelzen die Amerikaner in ihrem Denken Christentum und Freiheit so vollkommen, daß man sie fast nicht dazu bringe, dieses von jener zu trennen. In der

Indienstnahme der Freiheit für die gemeinschaftlichen Belange erkennt er zugleich die allerwirksamste Begrenzung für die ungewollte Expansion des Staates hin zur freiheitsbeschränkenden Staatsallmacht, modern gesprochen, also hin zum allzuständigen Wohlfahrtsstaat. Spieltheoretisch interpretiert, bietet die in informalen Institutionen wurzelnde Zivilgesellschaft die verläßlichste Vorkehrung für die Vermeidung institutioneller Dilemmasituationen zweiter und höherer Ordnung, in deren Fallstricke sich Parteien und Politiker selbst im Rahmen ausgeklügelter verfassungsmäßiger „checks and balances" allzu leicht verfangen können (vgl. *Weingast* 1993).

Von daher ist in der Lebendigkeit des zivilen Engagements die eigentliche Ursache dafür zu sehen, daß der Einfluß des Staates in der Wirtschaft begrenzt werden konnte. Aufgrund der verläßlich verwalteten Rechtsbedingungen bestehen Anreize und Freiräume für unternehmerisches Engagement und für die Entfaltung relativ freier und wettbewerblicher Märkte. Die Unterschiede gegenüber Deutschland kommen schlaglichtartig in der Entwicklung der Staatsquote zum Ausdruck. Während hier der Anteil der Staats- und Sozialausgaben am Bruttoinlandsprodukt von ca. 20 v.H. im Jahre 1960 auf derzeit fast 50 v.H. anstieg, entwickelte sich die Staatsquote in Amerika im gleichen Zeitraum von 27 v.H. auf 30 v.H. Eine maßgebliche Ursache dafür ist in der besonderen Verfaßtheit der Zivilgesellschaft in Deutschland zu vermuten.

5.2. Die staatsvertrauende Zivilgesellschaft

Die Zivilgesellschaft in Deutschland ist in der Typologie von *Taylor* (2001a, S. 80) dem auf *Montesquieu* anspielenden M-Strang zuzuordnen. Im Verständnis der Zivilgesellschaft vom Typ des M-Strangs wird die Gesellschaft enger mit der politisch-staatlichen Ordnung verknüpft. Das zivile Engagement weist vergleichsweise zum L-Strang (in Anlehnung an *Locke*) weniger Vertrauen in die Selbstorganisation der Gesellschaft auf und vollendet sich in der aktiven Mitwirkung an der Entwicklung von Staat und Recht, die dem Ideal der Gewaltenteilung auf unabhängige Träger verpflichtet sein soll. Dadurch wird der Vorrang der Gesellschaft vor dem Staat umgekehrt und die Gesellschaft letztlich von der staatlichen Ordnung her definiert. Dieses Verständnis war und ist für das kontinentale Europa charakteristisch. Die deutsche Tradition steht jedoch für das extremste staatsbezogene Verständnis.

Die renommierteste Version stammt von *Hegel*, weshalb es sich anbietet, das deutsche Verständnis der Zivilgesellschaft einem gesonderten H-Strang im Rahmen des M-Strangs zuzuordnen. *Hegel* (1964, § 182 und § 257) verortet die bürgerliche Gesellschaft seiner Zeit zwischen Familie und Staat und definiert sie als System der primär wirtschaftlichen Bedürfnisse und Interessen. Obwohl er das zunehmende Eigengewicht der bürgerlichen Gesellschaft anerkennt, traut er ihr nicht die Fähigkeit zur Selbstorganisation der Gesamtgesellschaft zu. Die bürgerliche Gesellschaft setze „deshalb den Staat voraus, den sie als Selbständiger vor sich haben muß, um zu bestehen." An anderer Stelle bezeichnet er den Staat als „Wirklichkeit der sittlichen Idee" oder als „göttliche Idee", die es zu verehren gelte. Im Unterschied zum angloamerikanischen Gesellschaftsverständnis wird in Deutschland der Staat als originärer Garant der sozialen Integration und Ordnung verstanden.

Die Wurzeln für dieses Verständnis von Gesellschaft und Staat reichen weit in die Geschichte zurück (vgl. *Leipold* 2000b). Hier sollen lediglich einige Besonderheiten der deutschen gegenüber der amerikanischen Entwicklung herausgestellt werden. Im Unterschied zu Amerika kam es im Gefolge der Reformation nicht zur Allianz von Protestantismus und Liberalismus. Das Luthertum begünstigte vielmehr eine Allianz zwischen Altar und Thron, wodurch die Entfaltung des zivilen Engagements behindert wurde. Das Luthertum enthielt mit den Postulaten der Gleichrangigkeit aller Christenmenschen vor Gott und der autonomen Verwaltung der Glaubensgemeinde zwar zivile, zugleich aber auch obrigkeitsstärkende Ideen. Genannt sei die „Zwei-Reiche-Lehre", nach der das geistliche Reich für das Seelenheil, das weltliche Reich für Recht und Ordnung zuständig seien. Da die weltliche Obrigkeit von Gott verordnet sei, handele jeder gegen Gottes Ordnung, der sich der Obrigkeit widersetze. Dieses Gehorsamsgebot der Bibel findet im thomistischen Ordnungsverständnis der katholischen Kirche seine Entsprechung. Seinen ersten Niederschlag fand es im Augsburger Religionsfrieden von 1555. Danach bestimmten nicht die Bürger über ihre Konfession, sondern die Landesherren. *Luther* selbst hat die Rolle der Landesherren begrüßt, indem er sie aufforderte, sich an der Gestaltung der Gemeindeordnung zu beteiligen. Diese übernahmen im Laufe der Zeit nicht nur das Kirchengut, sondern auch die Position eines Notbischofs, wodurch sie die quasisakrale Aura des Landesvaters erhielten, der später dann zum „Vater Staat" erhöht wurde (*Reinhard* 2000, S. 267). Der Glaube an die christliche Botschaft und der Gehorsam gegenüber Staat und Recht wurden gleichwertig, weshalb der Staat sich zu einer Art irdischer Heilsanstalt entwickeln konnte. Der preußische und speziell der friderizianische wie auch der wilhelminische Staat waren Prototypen patriachalischer Obrigkeitsstaaten.

Freilich gab es auch liberale Gegenbewegungen. Als Advokaten eines liberalen Staates und einer Bürgergesellschaft sind *Immanuel Kant, Wilhelm von Humboldt* oder *Johann Gottfried Herder* zu nennen. Im beginnenden 19. Jahrhundert entwickelte sich vor allem in den Städten eine Bürgerbewegung, die später im Nationalliberalismus ihre stärkste Kraft fand. Die Bürger sollten sich nicht länger als Untertanen, sondern als Mitgestalter und Mitgesetzgeber des Gemeinwesens verstehen. Aus dem bürgerlichen Engagement entstanden Bildungsvereine, Kranken- und Pensionskassen und eine Vielzahl anderer patriotischer Vereinigungen. Obwohl die liberale Bewegung in einigen Regionen (Baden, Westfalen, Rheinland) stärker Fuß fassen konnte, blieb ihr der große Durchbruch versagt. Der Liberalismus scheiterte bekanntlich im Jahre 1848. Mit der nachfolgenden Gründung des Kaiserreichs siegten der Nationalstaat preußischer Prägung und damit die Idee der Staatsgesellschaft. Die Regeln des Obrigkeitsstaates wurden zuerst durch die Verfassung der Weimarer Republik und später durch das Grundgesetz formal beseitigt. In den informalen Regeln und Überzeugungen der Deutschen blieben jedoch beträchtliche gewachsene Überreste der Staatsgesellschaft lebendig.

Bezogen auf die aktuellen bundesdeutschen Verhältnisse, ist das Verlangen nach einem starken und sozialen Staat für die große Bevölkerungsmehrheit charakteristisch. Die hohe Wertschätzung des Sozialstaates reflektiert nur das geringe Zutrauen der Bürger, die gemeinsamen Angelegenheiten im größeren Ausmaß selbstverantwortlich zu regeln. Diesem Mißtrauen entspricht die Vorstellung, daß den Bürgern die interessenüberhöht vorgestellten Staats- und Rechtsinstanzen gegenüberstehen, die für die Gestaltung von Politik und Recht zuständig zu sein haben und die primär dem Gemeinwohl und der sozialen Gerechtigkeit verpflichtet sein sollen. Auch die korporativen Akteure, insbesondere die Gewerkschaften und die Arbeitgeberverbände, verstehen sich als Wahrer des Sozialstaats.

Die breite Akzeptanz des Sozialstaates ist Ausdruck in das hohe Vertrauen in Verfassung, Politik und Recht. Im Unterschied zum angloamerikanischen Verständnis der Freiheit als Negation der übermäßigen staatlichen Zuständigkeit dominiert in Deutschland das positive Verständnis, daß der Staat die Freiheit durch das Recht sozial abzusichern habe. Dazu paßt die Bereitschaft, viele strittige politische Fragen nicht durch die Parlamente, sondern durch das Bundesverfassungsgericht zu klären. Der deutsche Bürger versteht sich daher als Staatsbürger, und er bevorzugt anstelle der Bürger- und Menschenrechte den Begriff der Staatsbürgerrechte. Aufgrund des hohen Vertrauens in Staat und Recht konnte sich der paternale Staat nahtlos in den demokratischen Sozialstaat wandeln, der seine Bürger von der Wiege bis zur Bahre umfassend versorgt.

In der besonderen Geschichte und Ausprägung der Zivilgesellschaft sind deshalb auch die maßgeblichen Ursachen für die Eigenarten der Staats- Rechts- und Wirtschaftsordnung in Deutschland zu vermuten. Der positive Einfluß ist darin zu sehen, daß Staat und Recht auf ein solides religiös-ideologisches Fundament aufbauen, wobei die Akzeptanz demokratischer Verfahren aufgrund der positiven Erfahrungen in der noch jungen bundesrepublikanischen Geschichte als verläßlich eingestuft werden kann.

Der Versuchung, das staatliche Rechts- und Gewaltmonopol zu mißbrauchen, stehen das gewachsene rechtsstaatliche Bewußtsein und die vielfältigen demokratischen und verfassungsmäßigen Kontrollformen entgegen. Es existieren also wirksame zivile und konstitionelle Vorkehrungen gegenüber institutioneller Dilemmasituationen zweiter und höherer Ordnung. Die verbreitete Einstufung Deutschlands als „high trust country" wurzelt in der gewachsenen und sowohl von den Normalbürgern als auch den politischen Eliten verinnerlichten Wertschätzung von Staat und Recht (vgl. *Fukuyama* 1995, S. 186). Das relativ hohe Vertrauen in Staat und Recht begünstigt wiederum die Kooperationsbereitschaft in nichtstaatlichen Bereichen und Beziehungen und erklärt die wirtschaftliche Erfolgsgeschichte der Sozialen Marktwirtschaft in der Nachkriegszeit. Weil sich die Wirtschaftssubjekte in ihrer Rolle als Unternehmer, Händler, Kreditgeber oder Arbeitnehmer auf die Geltung informaler und rechtlicher Regeln verlassen konnten, war die Entwicklung der Arbeitsteilung, der Spezialisierung, des Tauschhandels und damit des wirtschaftlichen Wohlstandes das folgerichtige Ergebnis.

Freilich gilt es auch die Kehrseite des staatsvertrauenden Gesellschaftsverständnisses zu sehen. Das hohe Vertrauen in den Sozialstaat und das geringe Vertrauen in die eigenverantwortliche Lebensführung mußten früher oder später zur Expansion der sozialstaatlichen Regulierungen, des öffentlichen Rechts und dessen staatlicher Verwaltung führen. Die Defizite und die anstehenden Reformerfordernisse des deutschen Sozialstaates hat *Hamm* (1989) in aller Klarheit aufgezeigt. Stichwortartig genannt seien hier nur die Sozialen Sicherungssysteme, deren Regelungen in neun Bänden mit über 3000 Seiten des Sozialgesetzbuches kodifiziert sind und von ca. 40 gesonderten Sozialämtern verwaltet werden, sowie die Regulierungen der Beziehungen zwischen Arbeitgebern und Arbeitnehmern, so daß Arbeitsmärkte nur in rudimentärer Form existieren. Sozialstaatliche Regelungen durchdringen ferner alle Bereiche der Wirtschafts-, Finanz- oder Bildungspolitik. Der Sozialstaat und mit ihm das Verständnis der staatsvertrauenden Zivilgesellschaft sind jedoch an ideelle, finanzielle und international wettbewerbsfähige Grenzen gestoßen.

6. Aktuelle Herausforderungen der Zivilgesellschaft

Im Zuge des weltweiten Zusammenwachsens der Märkte, der kulturellen Regelwerke und der nationalen Politikprozesse ergeben sich für die Zivilgesellschaft naturgemäß erweiterte und neue Aufgabenfelder. Die nationalen Staaten und damit auch Gesellschaften werden in absehbarer Zeit jedoch die Hauptakteure bleiben. Mit *Reinhard* (2000, S. 509 und S. 535), der die Entwicklung der Staatsgewalt über einen langen Zeitraum untersucht hat, ist zu Beginn des 21. Jahrhunderts das Kernproblem der Staaten und der Gesellschaften in Deutschland und in den anderen europäischen Ländern schlicht darin zu sehen, daß sie „zuviel Staat" haben. Die Begrenzung des Staates, die Beseitigung machtbedingter Besitzstände und Statusrenten, damit die Sicherung individueller Freiräume und die Sorge für allgemeine und gleiche Rechte für alle Menschen, egal ob auf nationaler oder globaler Ebene, bleiben deshalb die zeit- und raumunabhängigen Anliegen des zivilen Engagements.

Unter Ökonomen ist es üblich, die Expansion des modernen Sozialstaates mit dem Argument des Politikversagens zu beantworten. Gemäß der ökonomischen Theorie der Demokratie bestehen für Parteien und Politiker Anreize, partikularen und bevorzugt organisierten Gruppen von Wählern Begünstigungen oder Sonderregeln einzuräumen und deren Finanzierung großen und nichtorganisierten Mehrheiten, damit letztlich den Steuerzahlern und den Konsumenten, aufzulasten. Das Streben nach Wählerstimmenmaximierung begünstigt eine Politik der Sondervorteile für partikulare und meist nicht wirklich bedürftige Gruppen, die zu Lasten von allen Bürgern geht und die ungewollt zur Expansion des Sozialstaats und zur zunehmenden Regulierung der Wirtschaft führt (vgl. als Übersicht *Leipold* 1988).

Der ökonomische Ansatz erklärt jedoch nur die halbe Wahrheit. Denn Parteien und Politiker orientieren ihre Politik an den Präferenzen der Medianwähler und d. h. der Normalbürger. Wie dargestellt, erwartet die Bevölkerungsmehrheit gerade in Deutschland die Lösung vieler ihrer Probleme vom Staat. Die Politiker, egal ob konservativer, sozialdemokratischer oder auch liberaler Provenienz, haben in verständlicher Manier auf diese Erwartungen reagiert und damit den umfassenden Sozialstaat produziert. Es liegt also nahe, eher von einem Versagen der staatsvertrauenden Zivilgesellschaft zu reden. Die nunmehr überfälligen Reformen des Sozialstaates haben offensichtlich erst dann reale Durchsetzungschancen, wenn sie von der Bevölkerungsmehrheit gewollt und aktiv unterstützt werden. Das setzt ein neues Verständnis von individueller und staatlicher Zuständigkeit und Verantwortung voraus. *Veblen* (1898, S. 75) bemerkte bereits vor mehr als 100 Jahren, daß „... change is always in the last resort a change in habits of thought." Eingelebte Denkgewohnheiten und damit auch eingelebte Institutionen wandeln sich aufgrund der oben angeführten Ursachen nur langsam und meist erst als Folge erfahrener Mißstände. Die Wissenschaftler und speziell die Ökonomen können die Bürger und Politiker über die Ursachen der Mißstände aufklären und über Reformoptionen informieren. Ihr Einfluß auf die politische Umsetzung der Reformen ist jedoch begrenzt. Dafür ist vor allem das Engagement der Bürger in der Erziehung, in der Gesellschaft und nicht zuletzt in der Politik gefordert. Notwendig ist gerade in Deutschland also ein Wandel von der staatsvertrauenden hin zur selbstvertrauenden und selbstverantwortlichen Bürgergesellschaft.

Literatur

Berman, Harold J. (1991), Recht und Revolution: Die Bildung der westlichen Rechtstradition, 2. Auflage, Frankfurt a. M.

Blankart, Charles B. und *Günter Knieps* (1994), Kommunikationsgüter ökonomisch betrachtet, in: Homo Oeconomicus XI (3), S. 449-463.

Buchanam, James M (1984), Die Grenzen der Freiheit: Zwischen Anarchie und Leviathan, Tübingen.

Buss, Andreas (1989), Die Wirtschaftsethik des russisch-orthodoxen Christentums, Heidelberg.

Fukuyama, Francis (1995), Konfuzius und Marktwirtschaft: Der Konflikt der Kulturen, München.

Fukuyama, Francis (2000), Der große Aufbruch: Wie unsere Gesellschaft eine neue Ordnung erfindet, Wien.

Gellner, Ernest (1995), Bedingungen der Freiheit: Die Zivilgesellschaft und ihre Rivalen, Stuttgart.

Habermas, Jürgen (1994), Faktizität und Geltung, 4. Auflage, Frankfurt/M.

Hamm, Walter (1975), Entartet die Soziale Marktwirtschaft?, Vorträge und Aufsätze des Walter Eucken Instituts, Heft 57, Tübingen.

Hamm, Walter (1981), „An den Grenzen des Wohlfahrtsstaates", in: ORDO, Jahrbuch für die Ordnung von Wirtschaft und Gesellschaft, Bd. 32, S. 117-139.

Hamm, Walter (1989), Wirtschaftsordnungspolitik als Sozialpolitik, in: ORDO, Jahrbuch für die Ordnung von Wirtschaft und Gesellschaft, Bd. 40, S. 363-382.

Hanck, Gerhard (1999), Staat, Markt und Zivilgesellschaft in Afrika, in: *Wolf-Dietrich Bukow,* und *Markus Ottersbach* (Hg.), Die Zivilgesellschaft in der Zerreißprobe, Opladen, S. 100-114.

Hartz, Louis (1955), The Liberal Tradition in America: An Interpretation of American Political Thought since the Revolution, New York.

Hegel, Georg Wilhelm Friedrich (1964), Grundlinien der Philosophie des Rechts oder Naturrecht und Staatswissenschaft im Grundrisse, Stuttgart.

Jones, Eric Lionel (1991), Das Wunder Europa: Umwelt, Wirtschaft und Geopolitik in der Geschichte Europas und Asiens, Tübingen.

Kant, Immanuel (1968a), Idee zu einer allgemeinen Geschichte in weltbürgerlicher Absicht, in: Kants Werke (Akademie Textausgabe), Bd. VIII, Berlin, S. 15-32.

Kant, Immanuel (1968b), Über den Gemeinspruch: Das mag in der Theorie richtig sein, taugt aber nicht für die Praxis, in: Kants Werke (Akademie Textausgabe), Bd. VIII, Berlin, S. 273-314.

Keane, John (1998), Civil society and the State: Old Images, New Visions, Cambridge.

Kocka, Jürgen (2000), Zivilgesellschaft als historisches Problem und Versprechen, in: *Manfred Hildermeier, Jürgen Kocka und Christoph Conrad* (Hg.), Europäische Zivilgesellschaft in Ost und West, Frankfurt a. M., New York, S. 13-41.

Lehmann, Hartmut und *Guenther Roth* (Hg.) (1993), Weber's Protestant Ethic: Origins, Evidence, Contexts, Cambridge.

Leipold, Helmut (1988), Ordnungspolitische Konsequenzen der ökonomischen Theorie der Verfassung, in: *Dieter Cassel, Bernd-Thomas Ramb* und *H.-Jörg Thieme* (Hg.), Ordnungspolitik, München, S. 257-283.

Leipold, Helmut (2000a), Informale und formale Institutionen: Typologische und kulturspezifische Relationen, in: *Helmut Leipold* und *Ingo Pies* (Hg.), Ordnungstheorie und Ordnungspolitik: Konzeptionen und Entwicklungsperspektiven, Stuttgart, S. 401-428

Leipold, Helmut (2000b), Die kulturelle Einbettung der Wirtschaftsordnungen: Bürgergesellschaft versus Sozialstaatsgesellschaft, in: *Bettina Wentzel* und *Dirk Wentzel* (Hg.), Wirtschaftlicher Systemvergleich Deutschland / USA, Stuttgart, S. 1-52.

Leipold, Helmut (2000c), Der chinesische Kultur- und Wirtschaftsraum als Herausforderung für die Institutionenökonomik, in: Asien, Nr. 76, S. 29-46.

Leipold, Helmut (2001), Islam, institutioneller Wandel und wirtschaftliche Entwicklung, Stuttgart.

Leipold, Helmut (2002), Kulturspezifische Zusammenhänge zwischen gesellschaftlicher Regelteilung und marktwirtschaftlicher Arbeitsteilung, in: *Thomas Eger* (Hg.), Kulturelle Prägungen wirtschaftlicher Institutionen und wirtschaftspolitischer Reformen, Berlin, S. 17-46.

Leipold, Helmut (2003a), Funktionen und Formen der Zivilgesellschaft, unveröffentlichtes Manuskript, Marburg.

Leipold, Helmut (2003b), Kulturelle Determinanten der wirtschaftlichen Entwicklung, erscheint in: *Hans-Hermann Höhmann* (Hg.), Wie funktioniert und was unterscheidet Wirtschaftspolitik in Osteuropa?, Bremen.

Lipset, Seymour Martin (1998), American Exceptionalism: A Double-Edged Sword, New York.

Mackie, John Leslie (1981), Ethik: Auf der Suche nach dem Richtigen und Falschen, Stuttgart.

North, Douglass C. (1992), Institutionen, institutioneller Wandel und Wirtschaftsleistung, Tübingen.

Putnam, Robert D. (1993), Making Democracy Work: Civic Traditions in Modern Italy, Princeton.

Reinhard, Wolfgang (2000), Geschichte der Staatsgewalt: Eine vergleichende Verfassungsgeschichte Europas von den Anfängen bis zur Gegenwart, 2. Auflage, München.

Smith, Adam (1974), Der Wohlstand der Nationen: Eine Untersuchung seiner Natur und seiner Ursachen, München.

Taylor, Charles (2001a), Die Beschwörung der Cevil Society, in: *Charles Taylor*, Wieviel Gemeinschaft braucht die Demokratie, Frankfurt a. M, S. 64-92.

Taylor, Charles (2001b), Humanismus und moderne Identität, in: *Charles Taylor*, Wieviel Gemeinschaft braucht die Demokratie, Frankfurt a. M., S. 218-270.

Tibi, Bassam (1995), Krieg der Zivilisationen: Politik und Religion zwischen Vernunft und Fundamentalismus, Hamburg.

Tocqueville, Alexis de (1987), Über die Demokratie in Amerika, Erster und zweiter Teil, Zürich.

Vanberg, Viktor (1988), Morality and Economics: De Moribus Est Disputandum, New Brunswick.

Veblen, Thorstein (1898), Why is Economics not an Evolutionary Science, in: *Thorstein Veblen* (ed.), The Place of Science in Modern Civilization, New Brunswick, S. 56-81.

Weber, Max (1991), Die Wirtschaftsethik der Weltreligionen: Konfuzianismus und Taoismus, Tübingen.

Weingast, Barry (1993), Constitutions as Governance Structures: The Political Foundation of Secure Markets, in: Journal of Institutional and Theoretical Economies, Vol. 149, S. 286-311.

Schriften zu Ordnungsfragen der Wirtschaft

(bis Band 51: „Schriften zum Vergleich von Wirtschaftsordnungen")

Herausgegeben von
Gernot Gutmann, Hannelore Hamel, Helmut Leipold, Alfred Schüller, H. Jörg Thieme

unter Mitwirkung von
Dieter Cassel, Hans-Günter Krüsselberg, Karl-Hans Hartwig, Ulrich Wagner

Band 71: *Alfred Schüller* und *H. Jörg Thieme* (Hg.),
Ordnungsprobleme der Weltwirtschaft, 2002, VIII/524 S., 42,00 €,
ISBN 3-8282-0231-4.

Band 70: *Alfred Schüller,*
Marburger Studien zur Ordnungsökonomik, 2002, X/348 S., 32,00 €,
ISBN 3-8282-0221-7.

Band 69: *Dirk Wentzel,*
Medien im Systemvergleich, 2002, XVII/268 S., 38,00 €,
ISBN 3-8282-0220-9.

Band 68: *Thomas Apolte* und *Uwe Vollmer* (Hg.),
Arbeitsmärkte und soziale Sicherungssysteme unter Reformdruck,
2002, 454 S., 36,00 €, ISBN 3-8282-0204-7.

Band 67: *Dietrich v. Delhaes-Guenther, Karl-Hans Hartwig* und *Uwe Vollmer* (Hg.),
Monetäre Institutionenökonomik, 2001, VIII/400 S., 34,50 €,
ISBN 3-8282-0194-6.

Band 66: *Dirck Süß,*
Privatisierung und öffentliche Finanzen: Zur Politischen Ökonomie der
Transformation, 2001, 236 S., 31,00 €, ISBN 3-8282-0193-8.

Band 65: *Yvonne Kollmeier,*
**Soziale Mindeststandards in der Europäischen Union im Spannungsfeld
von Ökonomie und Politik,** 2001, 158 S., 29,00 €, ISBN 3-8282-0179-2.

Band 64: *Helmut Leipold* und *Ingo Pies* (Hg.),
Ordnungstheorie und Ordnungspolitik: Konzeptionen und Entwicklungsperspektiven, 2000, 456 S., 42,00 €, ISBN 3-8282-0145-8.

Band 63: *Bertram Wiest,*
Systemtransformation als evolutorischer Prozeß: Wirkungen des Handels auf den Produktionsaufbau am Beispiel der Baltischen Staaten, 2000,
266 S., 34,00 €, ISBN 3-8282-0144-X.

Band 62: *Rebecca Strätling,*
Die Aktiengesellschaft in Großbritannien im Wandel der Wirtschaftspolitik: Ein Beitrag zur Pfadabhängigkeit der Unternehmensordnung, 2000, 270 S., 31,00 €, ISBN 3-8282-0128-8.

Band 61: *Carsten Schittek,*
Ordnungsstrukturen im europäischen Integrationsprozeß: Ihre Entwicklung bis zum Vertrag von Maastricht, 1999, 409 S., 39,00 €, ISBN 3-8282-0108-3.

Band 60: *Peter Engelhard* und *Heiko Geue* (Hg.),
Theorie der Ordnungen: Lehren für das 21. Jahrhundert, 1999, 369 S., 36,00 €, ISBN 3-8282-0107-5.

Band 59: *Thomas Brockmeier,*
Wettbewerb und Unternehmertum in der Systemtransformation: Das Problem des institutionellen Interregnums im Prozeß des Wandels von Wirtschaftssystemen, 1999, 434 S., 39,00 €, ISBN 3-8282-0097-4.

Band 58: *Karl-Hans Hartwig* und *H. Jörg Thieme* (Hg.),
Finanzmärkte: Funktionsweise, Integrationseffekte und ordnungspolitische Konsequenzen, 1999, 556 S., 42,00 €, ISBN 3-8282-0094-X.

Band 57: *Dieter Cassel* (Hg.),
50 Jahre Soziale Marktwirtschaft: Ordnungstheoretische Grundlagen, Realisierungsprobleme und Zukunftsperspektiven einer wirtschaftspolitischen Konzeption, 1998, 782 S., 49,00 €, ISBN 3-8282-0057-5.

Band 56: *Hans-Günter Krüsselberg,*
Ethik, Vermögen und Familie: Quellen des Wohlstands in einer menschenwürdigen Ordnung, 1997, 341 S., 36,00 €, ISBN 3-8282-0055-9.

Band 55: *Heiko Geue,*
Evolutionäre Institutionenökonomik: Ein Beitrag aus der Sicht der österreichischen Schule, 1997, 324 S., 36,00 €, ISBN 3-8282-0050-8.

Band 54: *Andreas Knorr,*
Umweltschutz, nachhaltige Entwicklung und Freihandel, 1997, 180 S., 26,00 €, ISBN 3-8282-0035-4.

Band 53: *Spiridon Paraskewopoulos* (Hg.),
Wirtschaftsordnung und wirtschaftliche Entwicklung, 1997, 516 S., 42,00 €, ISBN 3-8282-0034-6.

Band 52: *Karl v. Delhaes* und *Ulrich Fehl* (Hg.), **Dimensionen des Wettbewerbs,** 1997, 44,00 €, ISBN 3-8282-0033-8.

 Lucius & Lucius, Stuttgart

Studien zur Ordnungsökonomik

(bis Nr. 21: „Arbeitsberichte zum Systemvergleich")

Herausgegeben von **Alfred Schüller**

Die *Forschungsstelle zum Vergleich wirtschaftlicher Lenkungssysteme der Philipps-Universität Marburg* hat seit 1982 in ihren „Arbeitsberichten zum Systemvergleich" aktuelle ordnungstheoretische und ordnungspolitische Forschungsergebnisse veröffentlicht. Seit 1994 werden diese Arbeitsberichte von der neu gegründeten *Marburger Gesellschaft für Ordnungsfragen der Wirtschaft e.V. (MGOW)* herausgegeben.

Ab Heft 22 erscheint die Reihe unter dem Titel „Studien zur Ordnungsökonomik" im Verlag Lucius & Lucius, Stuttgart.

Lieferbare Titel:

Studie 29 · *Alfred Schüller* (Hg.), **Orientierungen für ordnungspolitische Reformen:** Walter Hamm zum 80. Geburtstag, 2003, 79 S., 15.00 €, ISBN 3-8282-0259-4.

Studie 28 · *Ulrich Fehl* und *Alfred Schüller*, **Wettbewerb und weltwirtschaftliche Integration:** Triebkräfte des Transformationsprozesses, 2002, 56 S., 14.00 €, ISBN 3-8282-0232-2.

Studie 27 · *Helmut Leipold*, **Islam, institutioneller Wandel und wirtschaftliche Entwicklung**, 2001, 44 S., 14,00 €, ISBN 3-8282-0206-3.

Studie 26 · *Thomas Döring* und *Dieter Stahl*, **Institutionenökonomische Aspekte der Neuordnung des bundesstaatlichen Finanzausgleichs:** Anmerkungen zum Urteil des Bundesverfassungsgerichts über ein „Maßstäbegesetz" für den Länderfinanzausgleich, 2000, 47 S., 14,00 €, ISBN 3-8282-0157-1.

Studie 25 · *Gerrit Fey*, **Unternehmenskontrolle und Kapitalmarkt:** Die Aktienrechtsreformen von 1965 und 1998 im Vergleich, 2000, 83 S., 14,90 €, ISBN 3-8282-0140-7.

Studie 24 · *Ludger Wößmann*, **Dynamische Raumwirtschaftstheorie und EU-Regional-politik:** Zur Ordnungsbedingtheit räumlichen Wirtschaftens, 1999, 105 S., 16,00 €, ISBN 3-8282-0124-5.

Studie 23 · *Ralf L. Weber* †, **Währungs- und Finanzkrisen: Lehren für Mittel- und Osteuropa?** 1999, 42 S., 14,00 €, ISBN 3-8282-0112-1.

Studie 22 · *Alfred Schüller / Christian Watrin*, **Wirtschaftliche Systemforschung und Ordnungspolitik:** 40 Jahre Forschungsstelle zum Vergleich wirtschaftlicher Lenkungssysteme der Philipps-Universität Marburg, 54 S., 9,90 €, ISBN 3-8282-0111-3.

 Lucius & Lucius, Stuttgart

Bei Fragen zur Produktsicherheit wenden Sie sich bitte an:
If you have any questions regarding product safety,
please contact:

Walter de Gruyter GmbH
Genthiner Straße 13
10785 Berlin
productsafety@degruyterbrill.com